中国科普作家协会国防科普委员会推荐图书

U0957710

舰船科普丛书

国之重器

中国船舶及海洋工程设计研究院
上海市船舶与海洋工程学会
上海交通大学
主编

航天测量船

曹永恒　唐　尧
编著

上海科学技术出版社

图书在版编目(CIP)数据

航天测量船 / 中国船舶及海洋工程设计研究院，上海市船舶与海洋工程学会，上海交通大学主编；曹永恒，唐尧编著. —上海：上海科学技术出版社，2019.8
（国之重器：舰船科普丛书）
ISBN 978-7-5478-4426-7

Ⅰ.①航… Ⅱ.①中… ②上… ③上… ④曹… ⑤唐… Ⅲ.①测量船-青少年读物 Ⅳ.①U674.82-49

中国版本图书馆CIP数据核字 (2019) 第075024号

国之重器 舰船科普丛书

航天测量船

中国船舶及海洋工程设计研究院
上海市船舶与海洋工程学会 **主编**
上海交通大学

曹永恒 唐尧 **编著**

上海世纪出版（集团）有限公司
上海科学技术出版社 出版、发行
（上海钦州南路71号 邮政编码200235 www. sstp. cn）
上海盛通时代印刷有限公司印刷
开本 787×1092 1/16 印张 14 插页 2
字数 240千字
2019年8月第1版 2019年8月第1次印刷
ISBN 978-7-5478-4426-7 / N·169
定价：80.00元

内容提要

航天测量船是一个海上活动测控平台，属于特殊用途海洋船舶，它是船舶与测控通信设备的有机结合，在卫星发射、载人航天、探月等航天工程中发挥了巨大的作用，成为航天测控网的重要组成部分。

本书从航天测量船的历史源流切入，介绍了航天测量船的组成、功能与工作原理，重点介绍我国“远望”航天测量船的发展历程、技术特点，以及“远望人”的海上生活、取得的辉煌成就，并通过生动的文字和图像，陪同你翱翔海天、探索“远望”航天测量船的神秘。

本书图文并茂，集知识性与趣味性于一体，可作为青少年科普读物，也适合对船舶知识感兴趣的普通读者阅读。

国之重器——舰船科普丛书

专家委员会

国之重器 —— 舰船科普丛书

编辑部

主　编

张　毅

编写人员（以姓氏笔画为序）

于再红	卫琛喻	王　庆	王　建	王　莉
王建方	韦　强	曲宁宁	任　毅	刘积骅
祁　斌	牟朝纲	牟蕾频	杨　添	李　成
李刚强	李招凤	吴贻欣	邱伟强	张宗科
张富明	林伍雄	范永鹏	尚亚杰	尚保国
罗杏春	单铁兵	赵吉庆	段雪琼	俞　赟
施　璟	洪　亮	姚　亮	贺慧琼	秦　硕
徐春阳	唐　尧	陶新华	黄小燕	曹大秋
曹才铁	曹永恒	梁东伟	韩　龙	虞民毅
魏跃峰				

总序

海洋之美，浩瀚、静谧、神秘。人类生存的地球表面71%覆盖着海洋，陆地被海洋包围着，仿若不沉之“舟”。

中华人民共和国，既是一个拥有960万平方千米陆地疆域的陆地大国，也是一个东部和南部大陆海岸线约1.8万千米、内海和边海的水域面积约470万平方千米、海域分布有大小岛屿7 600多个的海洋大国。提高海洋资源开发能力、发展海洋经济、保护海洋生态环境、坚持维护国家海洋权益、建设海洋强国，事关国家安全和长远发展，也对实现中华民族伟大复兴的中国梦具有十分重要的战略意义。

工欲善其事，必先利其器。经略海洋，装备当先。只有拥有强大的海洋装备作支撑，才能形成强大的海上力量，才能保障安全可靠的海上能源和贸易通道，才能拥有海洋权益的话语权。能犁开万顷碧波的舰船，正是建设海洋强国的“国之重器”。

经过几代中国舰船人的努力，我们取得了骄人的成绩。第一艘航母已交接入列，第二艘航母又下水海试；新型弹道导弹核潜艇受到世界各国的关注；“滨州”号护卫舰、“昆仑山”号船坞登陆舰等在亚丁湾为过往船舶保驾护航；“临沂”号护卫舰参与也门撤侨，彰显大国担当；“和平方舟”号医院船多次赴海外开展医疗服务和救灾援助；自主设计制造的20 000箱超大型集装箱船助力中欧航线的运输；“天鲲”号绞吸挖泥船向世界展示什么叫作历练终成金；“雪龙2”号科考船即将承载起极地探索的使命……

这一个个令人振奋的消息背后，是“国之重器”建设大军只争朝夕、锐意进取、拼搏奋斗、攻坚克难的身影。“功以才成，业由才广”，世上一切事物中人是最宝贵的，一切创新成果都是人做出来的。硬实力、软实力，归根到底要靠人才实力。科技发展史证明：谁拥有了一流创新人才、拥有了一流科学家，谁就能在科技创新中占据优势。

在中国建设海洋强国的道路上，“国之重器”建设大军的每一个岗位都必须后继有人，有人传承，有人接班！

少年强则中国强。为增强青少年的海洋和国防意识，普及舰船和海洋工程科学知识，我们编撰了一部以青少年为主要对象、面向公众的科普读物“国之重器——舰船科普丛书”（简称“丛书”）。丛书以舰船为主线，全面展现新中国成立近70年以来，自主研制国之重器的艰难历程及取得的辉煌成就，使广大青少年从中汲取知识、增长才干、坚定信念、强化担当。

这套丛书共20分册，涵盖海洋防卫、海洋运输、海洋科考、海洋开发等方面，包括：海上霸主——航空母舰、深海巨鲨——潜艇、海上科学城——航天测量船、探究海洋奥秘的科学考察船、造船工业皇冠上的明珠——液化气运输船、海上巨无霸——集装箱船、超大型油船、造岛神器——大型挖泥船、海上石油城——钻井平台等。

丛书由从事舰船和海洋工程科研、设计、建造的100余位专家、技术骨干和青年科技工作者执笔，并经30余位专家审阅，历时2年编写而成。

当代青少年和公众涉猎面广，超前意识和多维立体思维能力强，具有令人刮目相看的理解能力。丛书撰写者充分考虑到青少年和公众读者的阅读要求，量身定制、兼收并蓄，将舰船知识图谱化，采用重点讲解、型号示例等方法，使专业知识通俗易懂，增强了丛书的可读性。

博览众采，传承知识。丛书通过科学的体例设置，涵盖军用舰船、民用船舶和海工装备的相关知识，体系庞大而有序，知识通俗而有内涵，突出展现了丛书内容的鲜明特色，使广大青少年读者一书在手，舰船在胸。

—— 图谱化的舰船知识。丛书坚持知识性与趣味性相结合，以图文并茂的形式对一些典型舰船进行集中讲解，以便让读者掌握舰船的特点。

—— 通俗化的专业知识。丛书坚持专业性与通俗性的有机结合，用朴实的篇章构建舰船知识链，用易懂的语言精准描述舰船的工作原理、性能特点。

—— 人文化的历史知识。丛书追溯舰船诞生的起点，展望舰船发展的未来，彰显舰船历史的人文特色，描绘出一幅幅人类设计建造舰船、塑造海洋文明的生动画卷。

拓展视野，启迪心智。丛书以舰船为载体，为广大青少年读者打开了世界舰船知识之门、中国舰船科技之窗，让读者驾驶生命之船，扬起思想风帆。

—— 认清大势，强化理念。丛书以舰船为媒，引导读者正确认识世界和中国。半个多世纪风雨兼程，中国船舶装备在变，舰船航迹在变，唯有“国之重器”建设者们“忠于党、忠于人民、忠于国家”的初心不改，信仰不变，继续弘扬突破自我、敢为人先的工匠精神，锲而不舍，发愤图强，国家利益所至，科技创新必达！

—— 明确主题，播种梦想。丛书以中国舰船制造励精图治、自力更生、发奋图强、勇创辉煌的历史红线，为每个青少年播种梦想、点燃梦想，让更多青少年敢于有梦、勇于追梦、勤于圆梦。

激扬青春，陶冶情操。理想指引人生方向，信念决定事业成败。丛书倾诉舰船昨天之历史故事，弹奏舰船今天之恢弘篇章，高歌舰船明日之瑰丽远景。

—— 弘扬爱国主义精神。丛书立足民族、面向世界，旨在激发广大读者的爱国情怀；以科学的视角，生动介绍了新中国成立以来我国舰船及海洋工程研制所取得的成就，讲述一代又一代科技人员怀着深厚的爱国情怀，为中国舰船事业发展所作的贡献。

—— 倡导奋进创新思想。丛书用世界舰船的历史史实启发读者认知：创新是民族进步的灵魂，是一个国家兴旺发达的不竭源泉。广大青少年读者应敢为人先，勇于解放思想、与时俱进，敢于上下求索、开拓进取，树立雄心壮志，努力超越前人。

—— 激励艰苦奋斗精神。丛书用中国舰船的历史史实引领读者感悟，我们的国家、我们的民族，从积贫积弱一步一步走到今天的繁荣富强，靠的就是一代又一代人的顽强拼搏，靠的就是中华民族自强不息的奋斗精神。

2016年5月30日，习近平总书记在全国科技创新大会、两院院士大会、中国科协第九次全国代表大会上的讲话指出:科技创新、科学普及是实现创新发展的两翼，要把科学普及放在与科技创新同等重要的位置。希望广大科技工作者以提高全民科学素质为己任，在全社会推动形成讲科学、爱科学、学科学、用科学的良好氛围，使蕴藏在亿万人民中间的创新智慧充分释放、创新力量充分涌流。“国之重器——舰船科普丛书”正是习近平新时代中国特色社会主义思想的生动实践。

愿：“国之重器——舰船科普丛书”构建一座智慧的熔炉，锻造中国青少年威武铁甲！

愿：“国之重器——舰船科普丛书”筑起一个知识的平台，助力中国青少年纵横海疆！

愿：“国之重器——舰船科普丛书”插上一双理想的翅膀，引领中国青少年翱翔海天！

曾恒一 潘镜芙

中国工程院院士

2018年8月

前言

当人类历史进入20世纪60年代，随着科学技术的进步以及运载火箭和卫星、飞船等航天器的发展，世界上任何一个国家仅限本国领土范围已经不能满足航天器全程飞行试验的要求，控制这些航天器的“无形之手”——航天测控网也随之由陆地延伸至海洋，以保证对航天器飞行的关键弧段跟踪测控和较高的测控覆盖率，航天测量船便是该网海上机动测量站。在航天控制指挥中心的指挥下，航天测量船承担跟踪、遥测运载火箭的飞行轨迹、弹着点，测量卫星、飞船等在宇宙空间的飞行数据和传输指令的任务。

1980年5月18日，我国第一枚远程运载火箭从西北沙漠深处腾空而起飞向太平洋，承担测控任务的“远望”航天测量船准确捕捉目标，圆满完成测控任务，标志中国成为继美国、苏联、法国之后，世界上第四个拥有自主设计建造航天测量船的国家。

我国航天测量船科研设计建造人员呕心沥血、开拓创新，在成功地完成了总体方案、船舶稳性、高精度导航、振动与噪声、电磁兼容、特种设备安装等方面均达到设计要求和使用检验的“远望1”号和“远望2”号航天测量船之后，又相继研制了多型更加先进的航天测量船，组成了具有国际一流水准的“远望”航天测量船队，先后完成了东风-5洲际导弹全程飞行，亚洲一号、东风三号、风云二号、烽火一号卫星和“神舟”号飞船等重大海上测控任务。

“远望2”号航天测量船完成了首次载人飞船太阳能帆板展开监控、飞船变轨、使天地通话、顺利返回等重要任务。

随着科技进步和应用范围的扩大，“远望”航天测量船的总体造型、居住性、防污染能力不断提升，测控系统攻克了大偏心率轨道定轨，实现了从地球轨道测控到月球轨道测控的跨越，船舶的耐波性、船体强度、刚度、振动等综合性能处于世界一流水平。

在我国运载火箭、卫星、飞船等航天器发射运行过程中均及时发现目标，捕获、跟踪稳定，数据录取完整，信息处理交换正确，实现远洋测控能力新突破，对我国航天测控网建设具有重大意义。

为了普及航天测量船知识，我们编写了《航天测量船》，以通俗易懂、图文并茂的形式，从航天故事入手，向读者讲述什么是航天测控，太空中的飞行器与航天测量船之间的关系，航天测量船的渊源、作用与特征，航天测量船的动力系统、电力系统、航海系统、气象系统，船载无线电跟踪测量设备、光学测量设备、卫星通信设备、天–地通信设备、气象卫星云图接收设备的功能与工作程序，以及我国第一艘“远望”航天测量船诞生的故事。

科技很广，上可触及无垠的太空，下可探及万米深海。科技很强，它能使国家富强，民族兴旺。正如习近平总书记所说，中国梦是历史的、现实的，也是未来的；是我们这一代的，更是青年一代的。

我国的航天测量船将适应人类航天事业的发展而不断更新，期盼读者通过本书了解、热爱航天测量船，也期待有志于航天测量船的读者接力奋斗，设计建造更加先进的航天测量船。

作　者

2019年1月

目录

第4章

创新技术的应用——成就“远望”海上精准测控 / 123

第5章

蹈海测天——“远望人”的生活 / 145

第1章 航天测量船概述

提到测量船，人们首先想到的是海洋测量船。海洋测量船主要用于探索广阔神秘的海洋世界，主要包括航道测量船、渔业调查船、地球物理勘探船、地质调查船、水声调查船、极地考察船、综合科考船等。

> 图1 大海的宁静与汹涌

（大海常被人们描写为明净而欢快，让人们心向往之。然而，大海的咆哮，和它的不可预测性又让人们望而却步）

> 图2 “科学”号综合科考船

“科学”号综合科考船是我国目前最先进的海洋科考船之一，具备全球航行能力，配备了七大船载科学探测与试验系统，船舶和船载探测与实验系统处于国际先进水平。其排水量4 864吨，长度99.8米，巡航航速12节（1节=1.852千米/时），续航力15 000海里（1海里=1.852千米），自持力60天，乘员80人。

而航天测量船是测量船的一个较特殊的类型，它的测量对象是“天”。

航天测量船是指对航天器及运载火箭等进行跟踪、测量、控制和数据传输的专用船舶，是航天测控网的海上机动测控站。

> 图3　在海上搭载过“蛟龙”号载人潜水器的“向阳红09”号综合科考船

古代航天的历史故事

自古以来，人类就用各种美丽的飞天神话和传说来寄托遨游环宇的梦想。“俱怀逸兴壮思飞，欲上青天揽明月”。中国人对飞天的向往，可以说是非常狂热的。我国自古的“嫦娥奔月”“万户飞天”的传说，是人类早期对航天的追求和梦想。

火箭的发展有着漫长的历史，它起源于中国，是中国古代重大发明之一。

古代火箭是一种以火药为动力的远射兵器，是现代火箭的起源。世界公认火箭由中国首先发明。大约在公元前1世纪，我们的祖先发明了硝雄体系火药，即硝石、雄黄混合剂火药。硝石、硫黄和木炭三元体系火药则在隋代时形成，在唐代完善。到了宋代，人们把装有火药的筒绑在箭杆上，或在箭杆内装上火药，点燃引火线后射出去，箭在飞行中借助火药燃烧向后喷火所产生的反作用力使箭飞得更远，人们把这种喷火的箭叫作火箭。这种火箭，已具有现代火箭的雏形，可以称之为原始的固体火箭。

> 图4 古代的嫦娥奔月传说

> 图5 万户飞天雕像

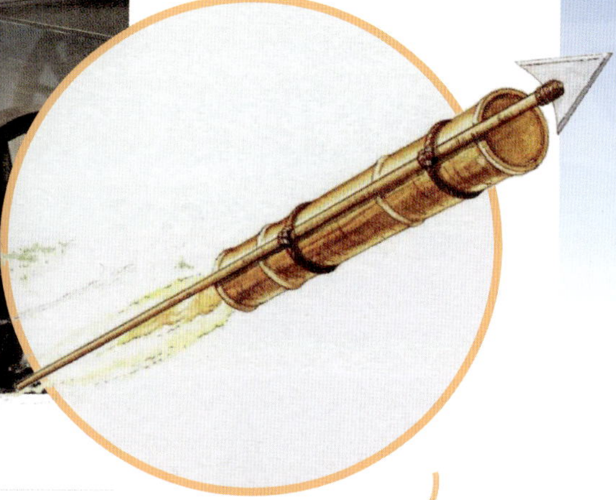

> 图6　中国古代的火箭

古代火箭看似简单，与现代火箭有一定的差别，但已具备现代火箭基本组成的特点，即箭头、箭体（箭杆）、动力系统（火药筒及引线）和控制系统（羽尾）。而飞空砂筒已初具现代反推火箭雏形，从飞空击贼震天雷炮和神火飞鸦可以看到现代飞航式火箭的踪影，“火龙出水”则可视为现代二级火箭的“胚胎”。

> 图7　火龙出水

小贴士

万户飞天的传说

人类为什么不能飞离地面呢，是缺少一对翅膀么？在中国明朝，有一个人叫陶成道，官居“万户”，他为了实现像鸟儿一样飞翔在天空的梦想，自己研究打造了一款飞天神器。他在一把椅子下面绑了47支火箭，手握大风筝，坐到椅子上，然后叫他的仆人点燃火箭（古时候的火箭类似现在的窜天猴）。火箭将他连人带椅冲到了半空中，但随即摔了下来，陶成道也因此为梦想付出了生命的代价。但是，万户飞天是世界公认的人类最早的飞天试验。为纪念陶成道的这一壮举，国际天文学联合会将月球上的一座环形山命名为“万户山”。

现代航天事业的发展

19世纪末20世纪初，美国科学家戈达德和其他几位专家奠定了现代火箭技术的基础，并发射了第一枚液体燃料火箭。第二次世界大战后，苏联和美国等相继研制出包括洲际弹道导弹在内的各种火箭。

1957年10月4日，苏联发射了第一颗人造地球卫星，宣告人类进入航天飞行时代。时隔3年半，苏联便实现了首次载人航天。

1961年4月12日，莫斯科时间9点7分，随着主持航天计划的总设计师科罗廖夫的一声令下，加挂了5个助推器的三级

> 图8 液体燃料火箭

> 图9 人类第一颗人造地球卫星

运载火箭载着“东方1”号载人飞船飞向了太空。火箭一级一级地接替工作，载人飞船不断加速，当第三级火箭点火后，载人飞船的速度已提高到了第一宇宙速度，即约7.9千米/秒。

> 图11　进入太空第一人——尤里·加加林

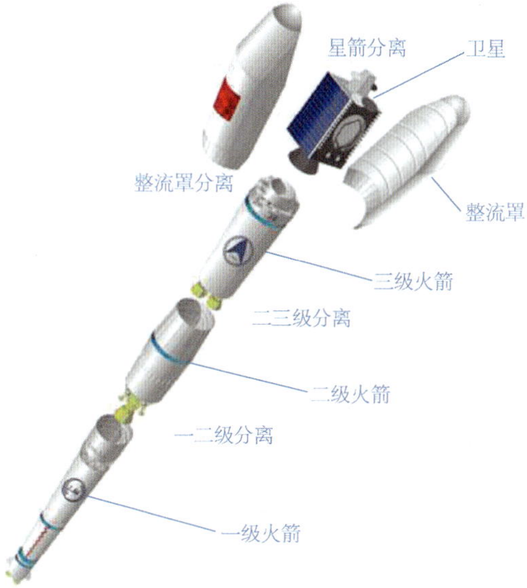

> 图10　三级火箭的结构

> 图12　“东方”号系列飞船

9点21分，“东方1”号载人飞船第一次把人类送入太空，这位航天英雄的名字叫尤里·加加林。

9点58分，莫斯科广播电台播放了加加林正在地球轨道上飞行的消息，并开始不断地报道飞船进展的有关消息，整个世界为之震惊，苏联举国欢庆。

加加林在地球轨道上飞行了108分钟，这其中的每一分钟都凝结了几千年来人类关于太空的所有幻想，凝结了几百年来所有航天科技工作者的辛勤汗水。

> 图13　“东方”号飞船内部仪表盘

为了打破苏联的航天优势，1961年5月25日，美国总统肯尼迪批准了航空航天局的“阿波罗”登月计划，并在国会上表示美国将在10年内将人送上月球。美国用了8年多的时间，于1969年7月21日实现了人类首次登月。它是世界航天史上具有划时代意义的一项成就。从此，人类探索太空的旅程翻开了新的一页。

> 图15 俄罗斯“联盟TMA7”载人飞船

> 图14 “阿波罗”登月舱内部

> 图16 我国天宫一号目标飞行器模型

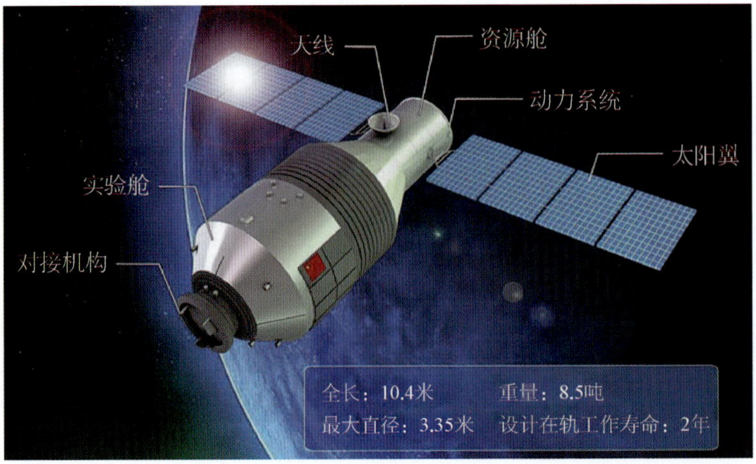

> 图17 天宫一号目标飞行器结构

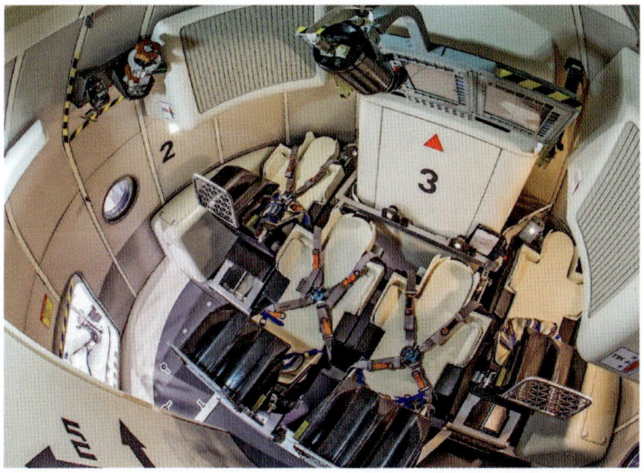

> 图18　俄罗斯新一代宇宙飞船的内部图

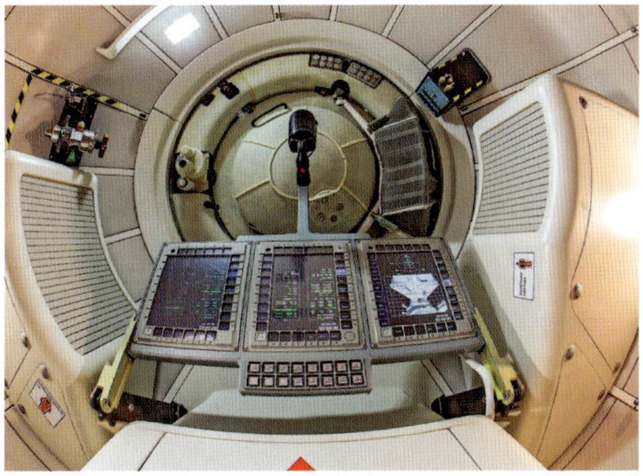

> 图19　俄罗斯新一代宇宙飞船的数字化仪表显示

自1961年4月12日加加林首次进入太空至今，人类载人航天已有50多年的历史。在此期间，人类已发射了3种载人航天器——载人飞船、空间站和航天飞机。

载人飞船是一种用火箭发射到地球轨道上作短期飞行，在完成特定任务后再返回地面的载人航天器，一般为一次性使用。

俄罗斯（苏联）至今已发展了三代载人飞船：第一代是“东方”号飞船；第二代是“上升”号飞船；第三代是“联盟”号飞船。美国的载人飞船也经历了三代：第一代是“水星”号飞船；第二代是“双子星座”号飞船；“阿波罗”号登月飞船是第三代。

载人空间站：载人空间站是一种在近地轨道长时间运行，可供多名航天员在其中生活、工作和巡访的载人航天器，在空间站中有供人生活的一切设施。其结构特点是体积较大，在轨飞行时间较长，能开展的太空科研项目多而广，并能与不同用途的舱段对接。空间站一般不再返回地球。

航天飞机：航天飞机属于短期在太空飞行的载人航天器。苏联曾在1988年后试飞过无人驾驶的“暴风雪”号航天飞机。美国制造出的实用型航天飞机有

小贴士

“联盟”号和“双子星座”号载人飞船

“联盟”号是苏联研制的第三代载人飞船，是苏联在积累了多年经验之后开发出来的一种最成熟的载人飞船。与之相对应的载人航天计划称为“联盟计划”。

“双子星座”号为美国第二代载人飞船，从1965年3月到1966年11月共进行10次载人飞行，主要目的是在轨道上进行机动飞行、交会、对接和航天员试作舱外活动等。它重约3.2～3.8吨，最大直径3米，由座舱和设备舱两个舱段组成。

> 图20 苏联“和平”号空间站

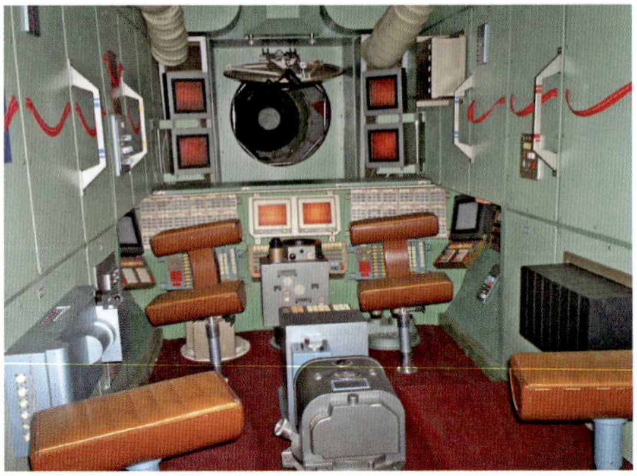

> 图21 苏联“和平”号空间站内景

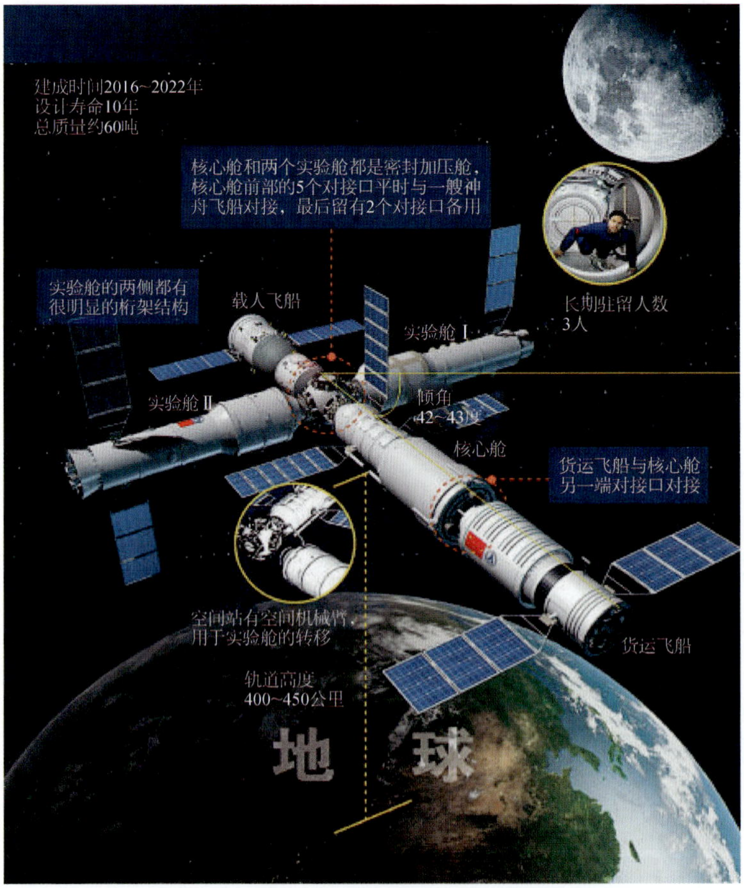

> 图22 中国未来空间站设想图

5架，按首次进入太空时间排序分别为“哥伦比亚”号、“挑战者”号、“发现”号、“亚特兰蒂斯”号和“奋进”号。

“哥伦比亚”号航天飞机是美国第一架正式服役的航天飞机，于1981年4月12日首次发射。它能装运36吨重的货物，整个组合装置重约2 000吨，在滑行中还能向左右两侧作机动飞行。

美国“发现”号是美国第三架实际执行太空飞行任务的航天飞机，负责进行各种科学研究与作为国际太空站计划的支援。

中国从20世纪60年代开始研制运载火箭。现已形成了包括长征一号、长征二号、长征三号、长征四号、长征五号、长征七号等系列多种型号，具有发射从低轨

> 图23　美国“哥伦比亚”号航天飞机

> 图24　美国“哥伦比亚”号航天飞机驾驶舱

小 贴 士

航空与航天的区别

航空是指利用飞机、飞艇等常见的航空器在地球大气层中进行的航行活动。航天是指在地球大气层以外的宇宙空间进行的航行活动。人造卫星的飞行属于航天，因为它在地球大气层以外，在人类的控制下完成各种任务。

> 图25　美国“发现”号航天飞机

> 图26　美国“发现”号航天飞机驾驶舱内部

> 图27　中国长征一号三级运载火箭

> 图28　中国长征系列运载火箭

到高轨、不同质量与用途的各种航天器、载人飞船和月球探测器的能力，并正在研制新一代火箭系列。长征一号是为发射中国第一颗人造卫星研制的三级运载火箭，于1970年4月24日发射卫星获得圆满成功。

> 图29　牛顿与苹果的故事

小贴士

牛顿和苹果的故事

了解牛顿的读者朋友一定听过他和苹果的故事。一天，牛顿正坐在一棵苹果树下思考问题，突然脑袋被重重地砸了一下。牛顿跳起来想抓住捣鬼的人，可看了半天，周围哪有人啊。这时他一眼瞥见离他不远的地上有一个大苹果。他上前把苹果捡起来，突然产生了一个疑问：苹果为什么会向下落，而不会向上飞？别小看这个疑问，它引导了一个伟大定律的诞生。顺着这个问题思索，最后牛顿终于发现在任何物体之间都存在着相互的吸引力，吸引力的大小遵循一定的规律。牛顿把它总结出来，于是就有了“万有引力定律”。

［附］向心力与离心力

因为万有引力的存在，所以我们向天上扔一块石头，不管你用多大劲，最终它还是要落到地面。我们也有这样的经验，用的力量越大，石块飞得越高和越远。问题已经明朗了，要离开地面，就要克服地球引力。但如何才能克服地球引力呢？要使一个物体离开地球，必须沿着地球引力相反的方向（即向上）对它加力，使它作加速运动，当达到一定速度时停止加力，它就能以惯性一直向前脱离地球。

进一步设想，如果我们使石块的速度再加大，当达到一定的程度会怎样呢？这时奇迹就发生了，石块将不再落到地面上，而是围绕地球飞行。我们可将这个围绕地球飞行的物体称为地球卫星。

为什么会产生这种情况呢？这是因为当运动物体受到一个固定指向某一个点的力时，就会被迫绕该点旋转，这个力称为向心力，其反作用力有时会被称为离心力。随着速度加快，迫使物体围绕某点旋转的向心力就会越来越大。

杂技演员在表演水流星节目时，就是利用这个原理。首先在一根绳子的两端固定两个碗，碗里装满水。我们都知道，在静止情况下，如碗口朝下，那么水一定会洒出来，但当演员把绳子转动起来，达到一定速度的时候，转动的碗会受到绳子拉力的束缚而开始围绕演员的手旋转。绳子被拉直，此时绳子的拉力就提供了向心力，而碗里的水在向心力的作用下紧紧贴在碗底，即使碗口朝下，也不会洒出来。

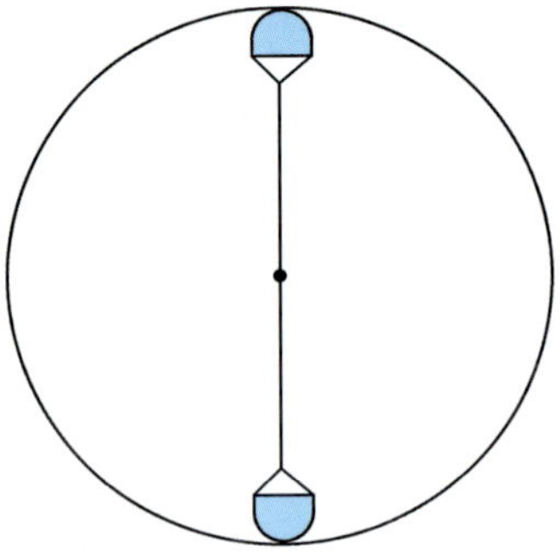

> 图30　杂技水流星节目及其原理示意

> 图31　向心力示意图

> 图32　离心力示意图

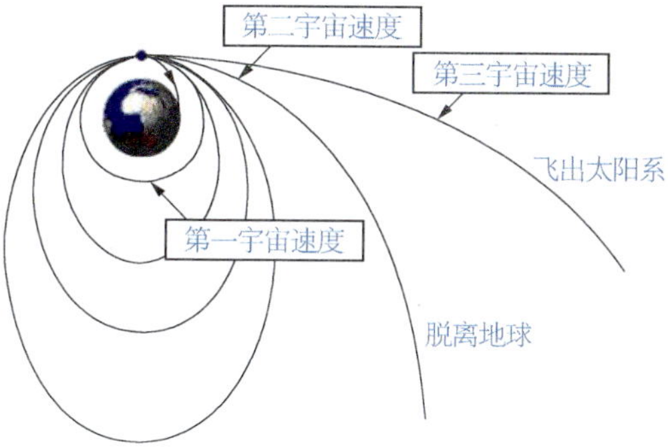

> 图33　三个宇宙速度示意图

也就是说，转动的速度使碗和水企图飞向远方，但是由于绳子的拉力所提供的向心力使它们只能改变方向旋转而无法飞走。因此，绳子松不掉，水也洒不出来。

卫星围绕地球转动和水流星的例子很相似。绕着地球旋转，具有一定速度的卫星好像那个碗，想要飞离地球，而地球的引力好像一根无形的绳子拉住卫星，使它不能逃离地球的吸引。这样一来，卫星既不能飞离地球，也不会被地球吸引落到地面，它只能围绕地球不停地转动。

当物体以三种不同的速度运行时，就会相应出现环绕地球运行、脱离地球进入太阳系和飞出太阳系的不同现象。这三种不同的速度就是著名的三个宇宙速度。

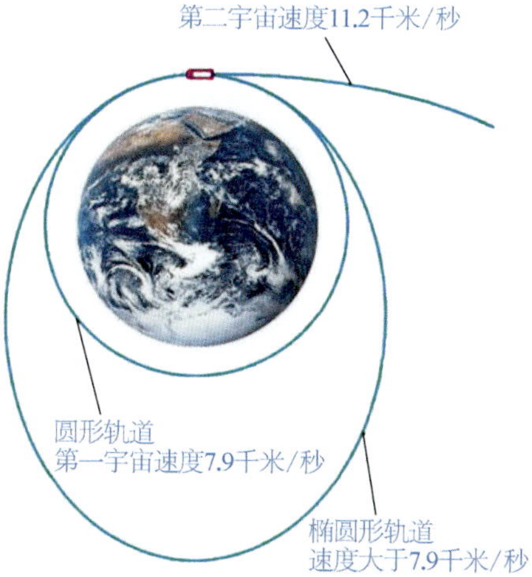

> 图34　第一宇宙速度下的圆形轨道

小贴士

第一、第二和第三宇宙速度

第一宇宙速度，也称为环绕速度，大约为7.9千米/秒（不考虑大气影响）。在物体达到或超过该速度时，它所产生的离心力正好与地球对它的引力相等，它就能够围绕地球不停地运转，从而成为地球的卫星。

第二宇宙速度，也称为脱离速度，大约为11.2千米/秒（不考虑大气影响）。在物体达到或超过该速度时，它就能脱离地球引力的束缚，成为太阳系的一颗行星。在摆脱地球束缚的过程中，物体在地球引力的作用下并不是直线飞离地球，而是按抛物线飞行。

第三宇宙速度，也称为逃逸速度，大约为16.7千米/秒（不考虑大气影响）。在物体达到或超过该速度时，它就能摆脱太阳引力的束缚飞出太阳系，到其他星系去了。在摆脱太阳引力束缚的过程中，物体在太阳引力的作用下将按双曲线轨迹飞离地球，而相对太阳来说它将沿抛物线飞离太阳。

航天测量船的发展

美国

20世纪50年代，美国率先发展航天测量船，用于执行载人飞船和卫星发射测控，以及弹道导弹试验遥测任务。美国先后改装建造过20余艘航天测量船，建立了大西洋及太平洋两大测控船队。最具有代表性的是“红石”号航天测量船。

“红石”号航天测量船船长181.4米，船宽22.9米，吃水7.6米，满载排水量24 710吨，航速14节，续航力为25 000海里。“红石”号航天测量船搭载约450吨的电子设备，包括C波段雷达、S波段综合系统等。

俄罗斯（苏联）

紧随美国，苏联在20世纪50年代开始发展航天测量船，先后改装建造约30艘，建立了太平洋测控船队。其中最具有代表性的是“尤里·加加林”号航天测量船。

“尤里·加加林”号是当时世界上吨位最大的航天测量船，于1969年3月开工建造，同年10月下水，1971年7月在列宁

> 图35　苏联“尤里·加加林”号航天测量船

格勒（现圣彼得堡）建成，是以经过实践考验的批量建造的油船作为设计母型。1971—1980年间，该船多次参加了苏联研究和开发宇宙空间计划的试验活动。

“尤里·加加林”号航天测量船船长231.6米，船宽31米，吃水8.5米，满载排水量53 500吨，航速18节，续航力20 000海里。主动力采用1台蒸汽轮机和2个蒸汽锅炉，功率为13 965千瓦。船上搭载雷达系统、船舶定位系统、通信系统、控制系统等。

法国

法国在1968年开始发展航天测量船，最具代表性的是20世纪90年代建造服役的拥有当时最先进的跟踪测量系统的“蒙日”号航天测量船。“蒙日”号航天测量船于1990年3月在大西洋圣纳泽尔造船厂开工，同年10月下水，1992年交付。

“蒙日”号满载排水量21 040吨，采用全柴动力单轴推进，航速约18节。该船上层结构采用复合材料，并采用纯白色涂装，可减少阳光直射对精密仪器产生的不利影响。

> 图36　法国“蒙日”号航天测量船

航天测量

目前，在浩瀚无际的地球外太空中运行着成千上万个各类人造航天器。这些“飘”在距离地球数百千米外的航天器就像人类放到太空中的“风筝”，井然有序、互不干扰。

风筝在空中悠然飞翔，离不开风筝线的牵引和控制。同理，如果没有航天测控通信技术的支持和保障，飞船的升空、运行和回收都将难以实现。航天测量船就是牵住风筝的那根线，通过这条看不见的“线”来控制这些航天器的“无形之手”就是航天测控。

航天测控的平台类型包括天上的测控

> 图37　被线牵着的风筝

> 图38　航天器与地球之间看不见的“线”——航天测控

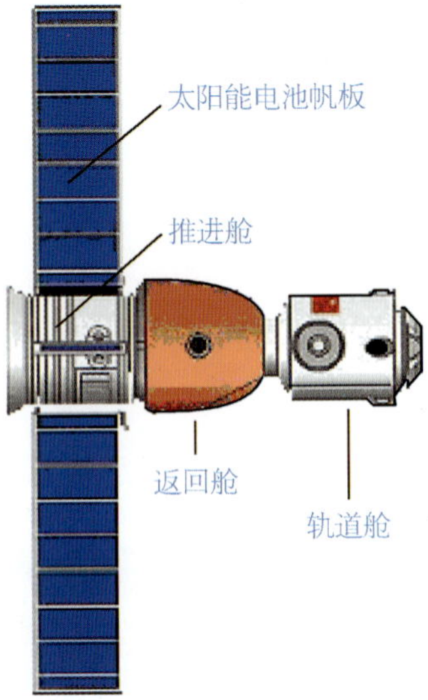

> 图39　载人飞船的典型组成

卫星、陆地上的测控站，以及大海上移动的航天测量船。这些平台能使航天器按照人们的预先规划或实时发送的指令运行和工作，确保它不像一只断线的风筝失去控制。

> 图40 美国“奋进”号航天飞机

什么是航天测量

航天测量，也叫航天测控，是指对航天器飞行轨道、姿态和航天器上各分系统工作状态进行跟踪测量、监视与控制，目的是保障航天器按照预先设计好的状态飞行与工作，以完成规定的航天任务。

航天器，又称空间飞行器、太空飞行器，是指按照天体力学的规律，绕地球轨道或外层空间，按照受控飞行路线运行的飞行器，一般用于执行探索、开发、利用太空和天体等特定任务，包括火箭、人造卫星、宇宙飞船、航天飞机和各种空间站等。

航天器根据是否载人，可分为无人航

> 图41 地球大气背景上的“奋进”号航天飞机（图中橙色是对流层，白色是平流层，蓝色是中间层）

小贴士

航天飞机

航天飞机是现代火箭、飞机、飞船三者结合的产物，是一种可重复使用的往返于地球表面和近地轨道之间运输人员和货物的飞行器。它能像火箭一样垂直起飞，像飞船一样绕地球飞行，像飞机一样水平着陆。航天飞机是人类有史以来建造的最复杂的机器之一，强大的运载能力使其成为独一无二的航天器。它为人类自由进出太空提供了很好的工具，是航天史上的一个重要里程碑。

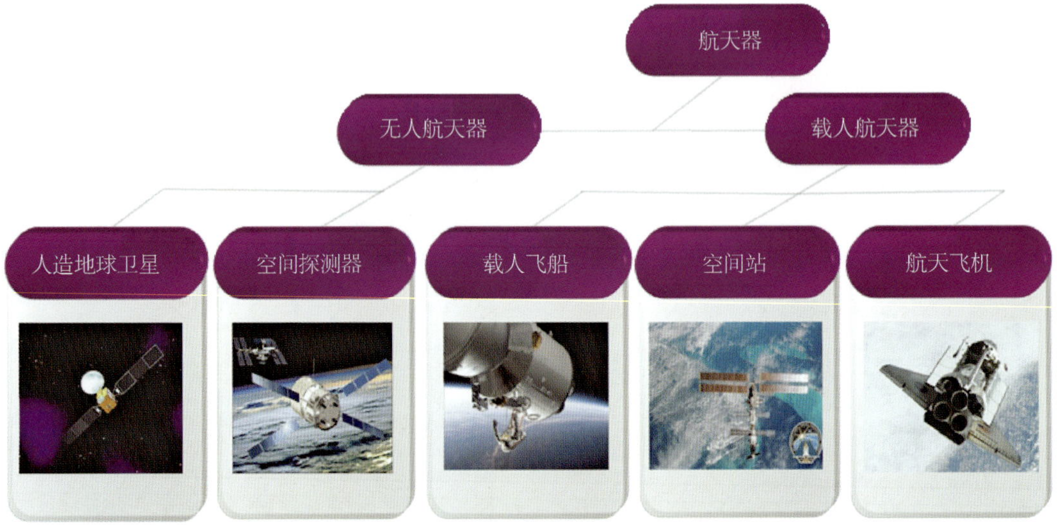

> 图42 航天器的种类

天器与载人航天器。无人航天器根据是否环绕地球运行，分为人造地球卫星和空间探测器；载人航天器包括载人飞船、空间站和航天飞机。

为什么需要航天测量

航天测控的任务

简而言之，航天测控就是保障地面与航天器的联系，就像手牵长线放飞风筝的人，控制着航天器的一举一动。因为航天飞行器发射升空之后，还要经过多次轨道调整才能顺利进入预定轨道，入轨后还需要进行太阳能帆板展开、姿态调整等一系列动作，在预定轨道正常飞行才算完成任务。

飞行器升空之后的这些动作大多需要地面对它发号施令，绝大多数航天器为无人航天器，航天器内各系统的工作要依靠地面遥控或自动控制。例如航天器发射升空后的各级火箭何时点火、卫星与运载火箭何时分离、卫星如何通过自身推进动力系统的控制实现不同轨道间的变轨、卫星上太阳能帆板的打开等，这些都离不开航

> 图43 牵住风筝的那根线

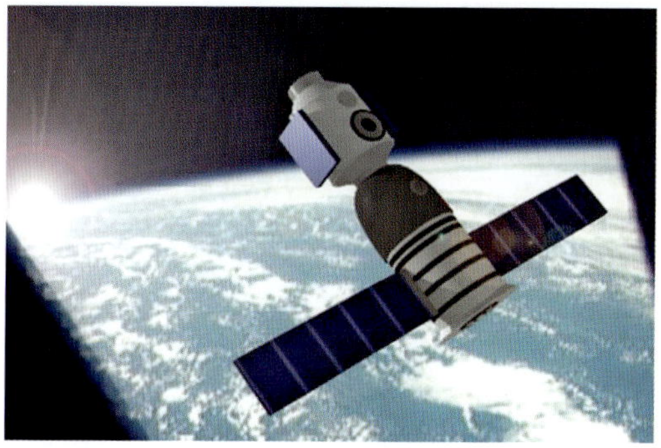

> 图44 航天器的能源提供者——太阳能帆板

天测控。

太阳能帆板就像是飞船上的一个小型发电站，有供电和充电两大功能。通过将太阳能转换成电能，为飞船上的电器设备提供能源。飞船上虽然备有应急电源，但支持的时间有限，主要还是依靠太阳能帆板提供电能。

对于载人航天器，虽然航天员可以参与监视和控制航天器系统的运行和工作，但是航天器仍然要依赖地面指挥和控制。因此，航天测控是保障各类航天器正常工作必不可少的重要环节。

航天测控系统

简而言之，航天测控系统是实现航天测量功能的整个系统。它是对航天器飞行轨道、姿态和其上各分系统工作状态进行跟踪测量、监视与控制，确保航天器按照预先设计好的状态飞行与工作，以完成规定的航天任务。当系统中具有天地话音、电视和用户数据传输等通信功能时，又被称为航天测控与通信系统。

航天测控系统的核心任务是测量和控制。系统在航天器飞行的各个阶段（发射、运行、回收）实现信息获取，即将航天器的飞行和工作数据发回地面，并用计算机进行计算、决策和实时反馈来控制航天器飞行的轨道和姿态。

小贴士

航天器与航空器的主要区别

第一，飞行环境不同。所有航空器都是在稠密大气层中飞行的，其工作高度有限。航天器在近于真空的宇宙空间飞行，其运行轨道的近地点高度在100千米以上。

第二，动力装置不同。航空器应用吸气发动机提供推力，本身只携带燃烧剂（航空汽油和航空煤油）。航天器应用火箭发动机提供推力，既带燃烧剂（液体/固体/固–液型推进剂），又带氧化剂。

第三，飞行速度不同。现代飞机最快速度是3倍多音速，普通客机大多是以亚音速飞行。而航天器都是以非常快的速度在太空运行，如在距地面600千米高的圆形轨道上运行的航天器速度是22倍音速。

第四，工作时限不同。飞机最长飞行时间不超过一昼夜，相应的活动范围和工作时间都很有限。而航天器在轨道上可持续工作很长时间，如“和平”号空间站在太空飞行了整整15个年头。

第五，升降方式不同。一般飞机的升空是滑跑离开地面，加速爬升到安全高度的运动过程；返回地面降落时只要经过下滑和着陆即可。而航天器发射（陆地和海上发射）都是垂直升空的。

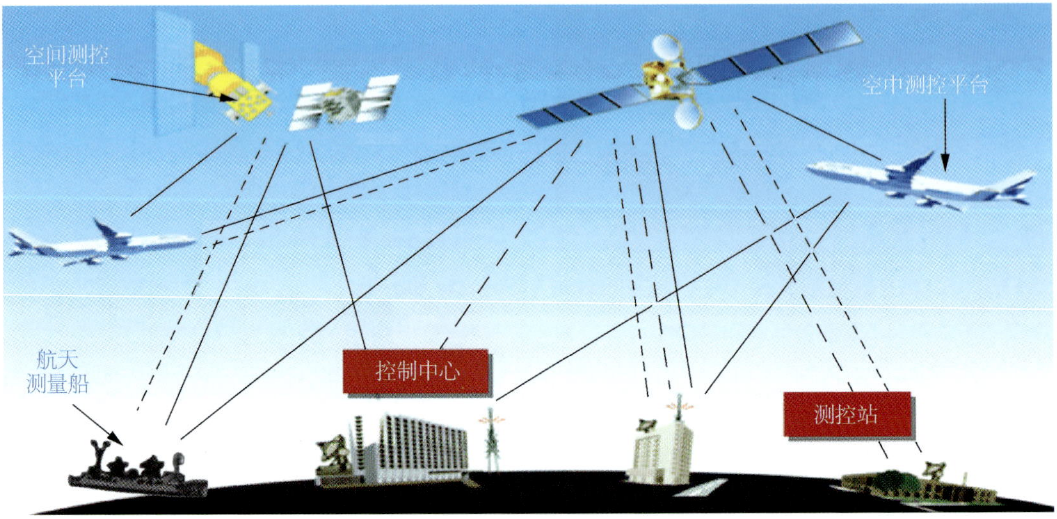

> 图45 航天测控系统组成

航天测控通信系统由控制中心、若干测控站（包括航天测量船），以及空中/空间测控平台（如测量飞机、跟踪与数据中继卫星等）组成。

按系统功能可分为跟踪测轨、遥测、遥控、天-地通信与数据传输、时间统一等分系统；按其测控的航天器类型大体可分为卫星测控系统、载人航天测控系统和深空测控系统三类。

航天测控系统的地面部分必须与装在航天器上的电子设备相配合，才能完成测控任务。对于测量，航天器上必须有相应的信标机或应答机，它们发回地面跟踪和测速用的射频信号，应答机同时发回测距信息。对于遥测，航天器上必须有检测各种参数的传感器和发送这些参数的射频发射机。对于遥控，航天器上必须有指令接收机。因此，航天器和地面/航天测量

> 图46　北京航天指挥控制中心指挥大厅

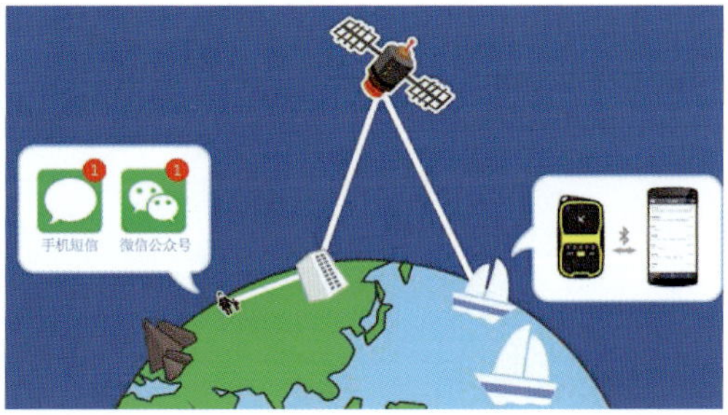

> 图47　卫星通信手段实现通信连接

> 图49　俄罗斯某陆上固定测控站

> 图48　美国某陆上固定测控站

船上的两部分电子设备是一个不可分割的整体。

航天测控网依据其分布地点分地基测控网、天基测控网两种，航天测量船是地基测控网的一个节点。航天测控网通过对航天器跟踪测量、监视、控制和接收航天器发送出来的内部遥测数据，远程监测和遥控航天器的运动以及航天器上各种装置

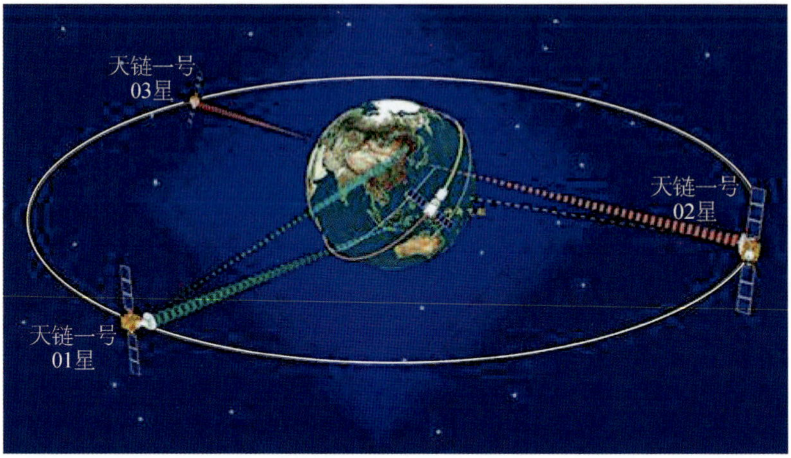

> 图50　数据中继卫星天链系统

和系统的工作，接收来自航天器的各类信息，并可与载人航天器上的人员进行通信联络。

地基测控网包括陆上固定测控站、陆上活动站、航天测量船，活动站和航天测量船可以根据不同的航天飞行任务分布在不同地域和海域，结束后返回大本营。与陆地测控站相比，航天测量船存在以下优势：一是自主性强，可以在任何时候在预定海域提供测控支持；二是灵活性好，可以根据需要在广阔的海洋上布设，以满足对不同射向、不同航天器的测控需要，并可调整船位，承担多个阶段、不同要求的特定测控任务。同时，航天测量船具备强大的测控功能，配置的无线电测控设备齐全，特别是配置了中心计算机系统，使其具备了强大的轨道和飞行器目标参数解算及应急测控处置能力。地基测控网中各测控站通过有线、无线和卫星通信手段实现通信连接。

美国、俄罗斯（苏联）、中国等国和欧洲空间局在航天飞行初期均使用地基测控网。

由于地面测控站（船）是设在地球上，所以在观测航天器时势必会受地平线和周围遮蔽物的影响，以至每个测控站（船）的测控覆盖率都较小，例如对于340千米高度、倾角43度的卫星，1个测控站（船）的测控总覆盖率仅约1.4%。

天基测控网是指由运行在高轨道、对其他低轨道航天器进行测控的卫星组成的测控网，以数据中继卫星和全球卫星定位系统为依托。美国、俄罗斯（苏联）、欧洲空间局从20世纪80年代初开始陆续研制并使用中继卫星系统。

天基测控网能实现对运载火箭及中、低轨道航天器的测控任务，覆盖率高，使用方便。

中继卫星一般运行在地球同步轨道，轨道高约36 000千米，相当于将一个地面测控站搬到了天上，让它居高临下地跟踪、

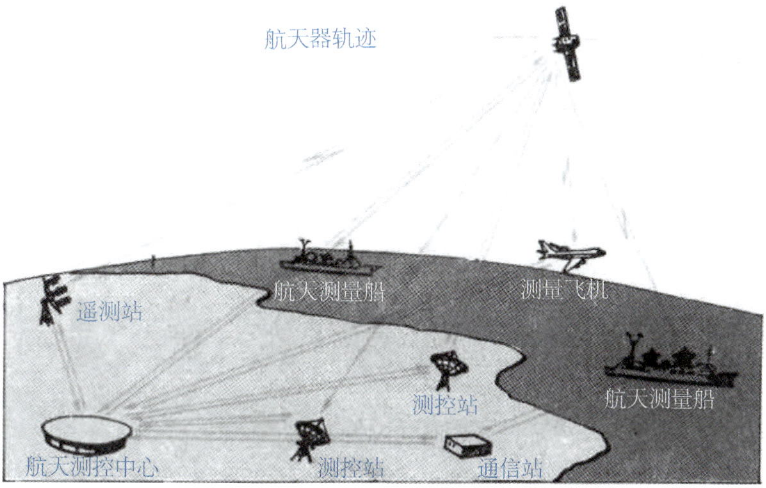

> 图51　我国的航天测控网示意图

测量、监视和控制运行在眼皮底下的航天器，因此测控范围很广，一颗卫星的波束可以覆盖半个地球，测控覆盖率高达50%左右。

中国从1967年开始建设自己的航天测控网，最早的卫星测控网于1970年4月建成，成功完成了我国第1颗人造地球卫星（“东方红1”号）的跟踪测轨任务。

1975年又形成了超短波近地轨道卫星测控网。同年11月，圆满完成了我国第一颗返回式遥感卫星的测控任务，使我国成为第三个能控制卫星返回的国家。

1979年底，我国建成了两艘具有国际先进水平的测量船，成为继美国、苏联、法国之后第四个拥有航天测量船的国家。

> 图52　西安卫星测控中心

小贴士

我国的嫦娥四号中继星——“鹊桥”

由于嫦娥四号探测器登陆月球的位置始终背对地球，使它与地球上的测控中心不仅相隔遥远且中间隔着月球球体，通信信号无法穿透月球，“鹊桥”因此诞生，承担起了地月联通的“天桥”，实现了地球与月球背面的嫦娥四号探测器之间的中继测控通信。

1983年底，我国建成了地球同步通信卫星测控系统，于1984年1月投入使用，至此我国地球同步卫星测控网初步建成。

1987年底，西安卫星测控中心建成，大大增加了卫星控制管理的能力。

为了减少航天器上电子设备的重量、体积，特别是要减少天线的数目，将各种测控功能适当地综合在一个统一的射频载波上是一个重要的发展。这种系统称为微波统一测控系统。

1992年，我国成功研制出符合国际标准的C频段统一测控系统，可进行单站或多站测量，提高了发射国外卫星的测控能力。

> 图53　青岛航天测控站

1996年3月北京航天指挥控制中心建成。4块巨幅大屏幕和几十台显示终端，显示着不断变化、标示着任务状况的数据、曲线和图像。大屏幕上方标示着北京时间、联调时间、飞行时间的LED显示屏，同时不断跳跃着各种飞行控制的数据。

航天指挥控制中心可与太空中飞行的“神舟”号飞船建立起连接，实现天–地对话；还可以将遍布全球的地面测控站及分布在三大洋上的“远望”号航天测量船连成一体，牢牢牵住翱翔在茫茫太空的飞船。它是我国载人航天工程和绕月探测工程试验任务的指挥调度、飞行控制、分析计算和数据处理中心，是卫星发射试验北京任务指挥所的技术支持单位，也是我国对外测控服务的一个窗口。拥有指挥通信信息处理、监控显示、飞行控制等于一体的综合性强、反应快捷、运算精确的现代

> 图54　我国的国外测控站之一“内乌肯深空站”

> 图55　天舟一号发射时的北京航天指挥控制中心

> 图56　三亚测控站

化控制系统，是对飞船在太空飞行进行指挥控制的“中枢神经”。

1999年，我国研制成功S频段统一测控系统，建成了由5个陆地测控站、4艘测量船、3个活动站、3个国外站、2个着陆场和北京航天指挥控制中心、东风指挥中心、西安卫星测控中心等组成的有史以来覆盖最广泛的载人航天测控网，并于1999年11月20日首次服务于我国第一艘无人飞船的飞行控制任务。

随着载人航天工程的启动，航天测控网又进入了一个新的发展阶段，扩充改造了设备，更新了软件，在国外设立了卡拉奇站（巴基斯坦）、纳米比亚站、马林迪站（肯尼亚）、内乌肯站（阿根廷）等，

小贴士

航天指挥控制中心

航天指挥控制中心是航天器飞行的指挥控制机构。其主要任务是：实时指挥和控制分布在全球各地的航天测控站收集、处理和发送各种测量数据，监视航天器的轨道、姿态以及设备的工作状态，实时向它们发送控制指令，确定航天器的飞行轨道参数，发布其轨道预报等。

使整个测控网的测控能力有了新的质的飞跃。

2003年10月成功完成了我国首次载人航天飞行的测控任务，使我国成为继俄罗斯（苏联）、美国之后第三个独立进行载人航天的国家。

2005年10月在神舟六号飞船上成功使用了船载海事终端进行全球测控试验。

2008年位于海南三亚的航天测控站建成并投入使用。三亚测控站是我国目前位置最靠南端的陆基航天测控站，高耸壮观的白色标校塔、巨大无比的白色球状天线罩是三亚测控站的重要标志。

喀什、佳木斯和三亚分别位于我国西北部、东北部和南部，三个陆地测控站构成我国陆基测控网的重要骨干支点，充分利用了我国国土资源经纬度分布宽广的地理优势，构成了我国陆基测控网“大三角”布局，为满足未来我国航天事业的高速发展提供了有力保障。

目前我国具有符合国际标准的C、S频段统一测控系统，具备了国际联网、进行国际测控合作的能力。

航天测量船的作用和特点

运载火箭、卫星、载人飞船等航天器能够成功发射并进入预定轨道，离不开地面测控站对其发出的一道又一道指令。因此，我国在境内建立了大量的测控站，形成地面航天测控网络，对航天器进行指挥控制。说到这，细心的读者可能会想，航天器是环绕地球飞行的，当航天器飞出国境，进入茫茫大海上空以后，尤其是运行到地球的另外一面

> 图57　不同地点的地面测控站

时，该如何对其进行测控呢？

这时就需要航天测量船发挥作用了。航天测量船犹如在大海上“放风筝的人”，天上的“风筝”尽在掌握，它是陆基测控网络的有效补充。

当陆地上的测控站不能实现对运载火箭、卫星、载人飞船等航天器的全程跟踪测控时，就需要通过在海洋上设立可移动的测控点，来保证航天器的关键弧段和较高的测控覆盖率。而这些海洋上的测控点就是航天测量船，这些测量船在卫星发射、载人航天、探月等航天工程中发挥了巨大的作用，成为航天测控网的重要组成部分。

航天测量船的作用主要包括以下几类：运载火箭入轨段测量、卫星测控、飞船测控通信。

航天测量船的测控范围与陆地测控区域互补，联合完成对各类航天器飞行轨道范围的全覆盖。航天测量船可以根据航天器及运载火箭的运行轨道和测量控制需求配置在适当海域，在航天指挥控制中心的统一指挥下跟踪测量航天器的运行轨迹，接收遥测信息，发送遥控指令，与航天员通信以及营救返回溅落在海上的航天器返回舱等；还可用来跟踪测量试验弹道导弹的飞行轨迹，接收弹头遥测信息，测量弹头海上落点坐标，打捞数据舱等。

因此，航天测量船具有以下几方面的独特优势。

机动性高。在一次任务中可以调整船位，承担多个不同的测控任务，例如在完成入轨段测控后还可以提供变轨等其他重要弧段的测控。

灵活性好。一次出航可以在不同海域完成多个不同的任务，也可以在飞行任务前的一定时间内调整船位布点，完成其他应急任务。

受位置限制少。测量船不受陆地限制，可根据需要布设在陆上测控站无法覆盖到海域，对航天器关键飞行弧段提供测控支持。

覆盖效率高。测量船可以依次布设在高纬度海域，因而对航天器特别是载人航天器测控的覆盖效率高。

小贴士

建造多艘航天测量船的缘由

由于地球是一个球体，而无线电信号又是直线传播的，以无线电波传播为基础的测控系统，用一个地点的测控站不可能实现对运载火箭等航天器进行全航程观测，尤其是对于较低轨道的卫星或其他航天器来说，需要用分布在不同地点的多个测控站接力连接才能完成测控任务，形成航天测控网。

因此，很多国家虽然在自己国土上建了许多测控站，但往往都满足不了大型航天任务跟踪测量的需要，还需要在大陆延伸之外的海洋上建立活动的测控站，或在空中建立卫星观测与数据中继传输系统。

第2章 航天测量船的组成与功能

航天测量船的组成

船舶平台系统与特装系统

航天测量船是船舶与测控通信设备的有机结合体，它由船舶平台系统和特装系统两大部分组成。船舶平台系统与常规船舶相近，主要包括船舶动力系统、船舶电力系统、船舶航海系统、船舶结构、船舶装置、空调通风、航空保障等系统。特装系统是为完成各项航天测量任务所需设备的总称，它是航天测量船所特有的，直接与执行航天测控任务相关，主要由测控系统、通信系统、气象系统等组成。

测控系统是航天测量船的核心系统，其任务是对航天器跟踪、测量航天器的运动参数、确定航天器的轨道和位置，具体包含跟踪测量系统、遥测系统、遥控系统、计算机系统、时间统一系统等。

通信系统保证地面与航天器（航天员）之间的报、话联络，支持测控系统内各个系统之间的信息交互，实现指挥调度，传递关于航天员生理活动的信息，传递返回过程中伞降段和着陆后所处方位的无线电信号。

气象系统一方面为船舶航行和航海安全服务，提供船舶航行安全保障所需的气象水文参数；另一方面为海上测控通信服务，提供海上试验和测控作业的天气实况，以及威胁测控通信设备天线安全的灾

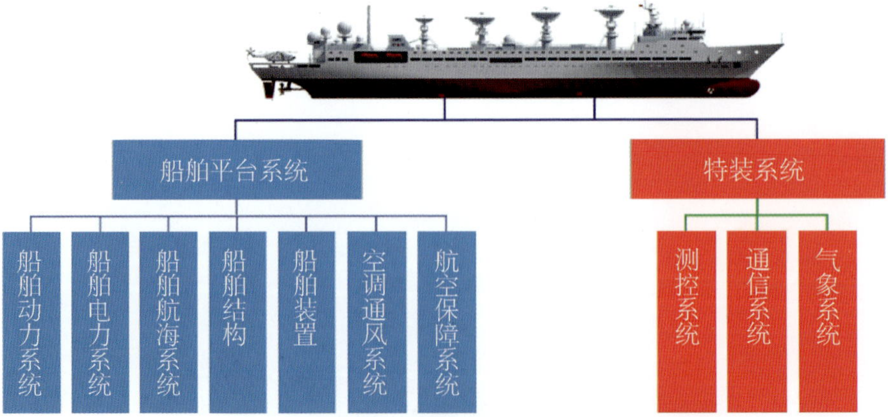

> 图58 航天测量船的组成

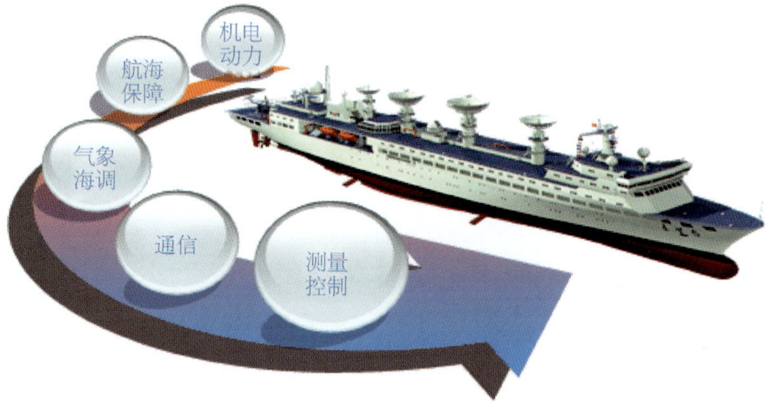

> 图59　航天测量船的组成

害性天气极限气象数据。

按照承担的功能来分，航天测量船主要由测控系统、通信系统、气象系统、航海保障和机电动力系统等组成。

测控之坚强后盾

优异的船舶平台保障

动力的源泉——船舶动力系统

船舶动力系统是满足船舶航行、海上各种作业、船上人员的生活和安全等所需要的全部机械、设备和装置的总称。它的主要任务是提供、转换和使用各种形式的能量——机械能、电能、热能等，为船舶航行和各种作业任务提供所需动力，并为船员生活提供电力、蒸汽等能源。它主要包括推进（主动力）装置、辅助装置、管路系统、甲板机械和监控系统设备等。

航天测量船动力系统的发展反映了我国船舶工业制造与设计能力的迅速提高。

“远望1”号、“远望2”号航天测量船是我国第一代综合远洋航天测量船，为“姊妹船”，动力系统均为蒸汽轮机推进，单机单桨动力型式。2台主锅炉产生的高压蒸汽带动1台主蒸汽轮机，经轴系驱动定距螺旋桨，在操纵时，可通过改变蒸汽轮机转速获得不同的航速。蒸汽轮机推进

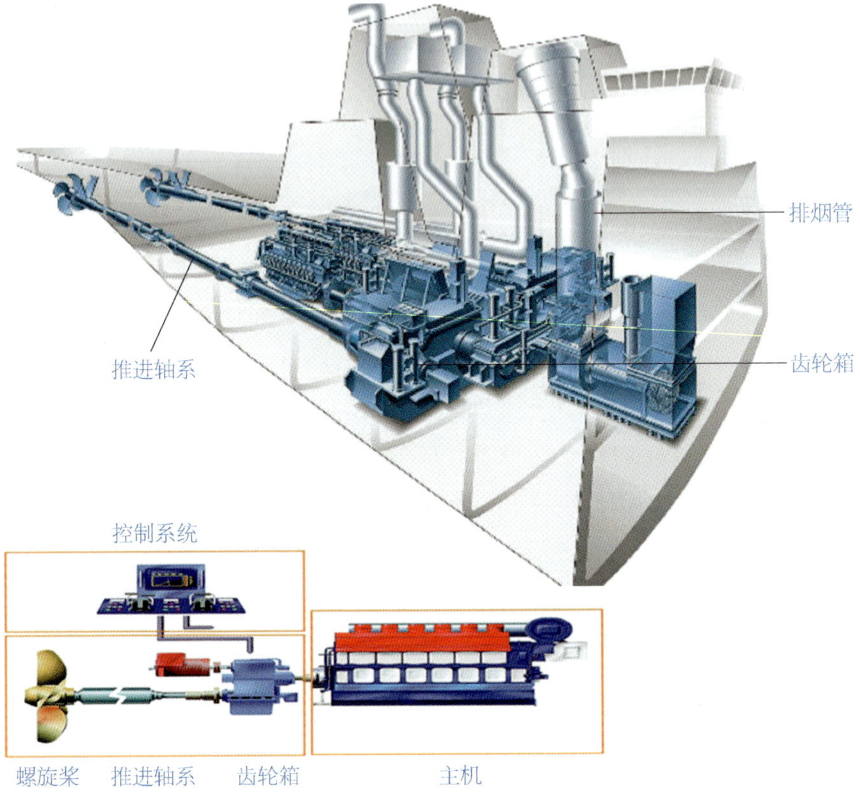

> 图60　船舶动力系统组成示意图

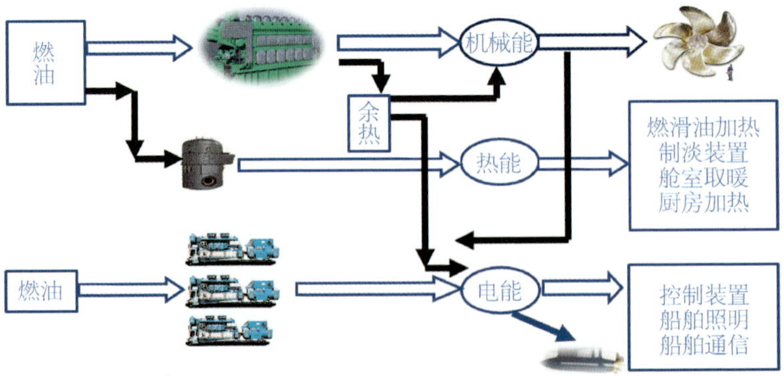

> 图61　船舶动力装置组成框图（能量传递角度）

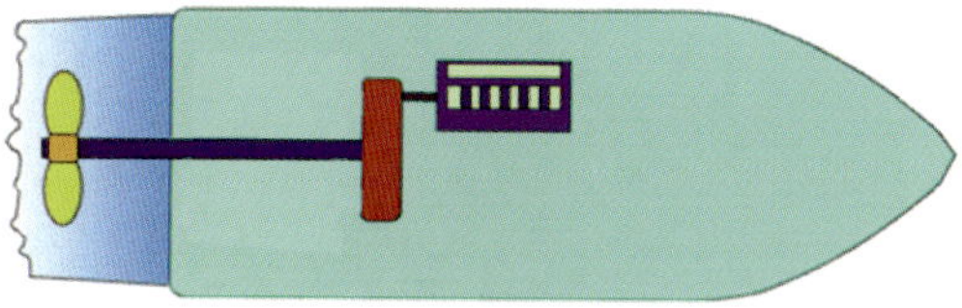

图62　单机单桨型式

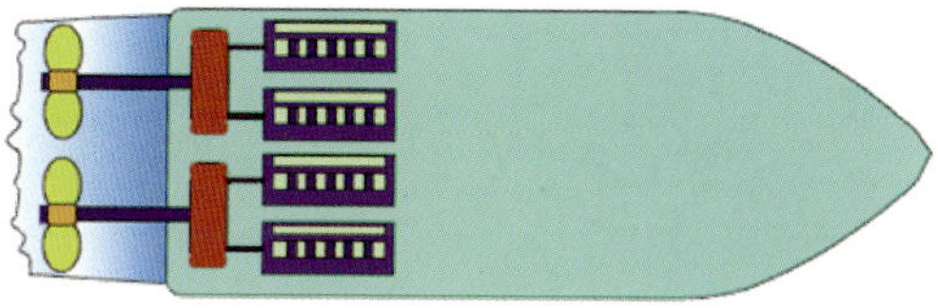

图63　双机双桨型式

具有单机功率大、使用可靠、运行平稳、振动噪声小等优点。

“远望3”号航天测量船是我国第二代综合远洋航天测量船，动力系统采用低速柴油机推进，为双机双桨动力型式。2台低速推进柴油机分别经左、右轴系驱动定距螺旋桨，推进装置对称布置，在操纵时可通过改变低速柴油机转速获得不同的航速。“远望4”号航天测量船由“向阳红10”号海洋调查船改造而成，动力系统同“远望3”号航天测量船。低速柴油机推进具有推进系统简单、可靠性高、油耗低、推进效率高等优点，双机双桨设计提高了船舶可靠性，即使一套推进系统故障，船舶仍能继续航行。

图64　船用柴油机

柴油机推进系统中，为了使主机功率和扭矩能顺利地传递给推进器，达到推进器减速和反向运行，以及推进系统减振等目的，一般需设置诸如齿轮箱、弹性联轴器和离合器等传动设备。

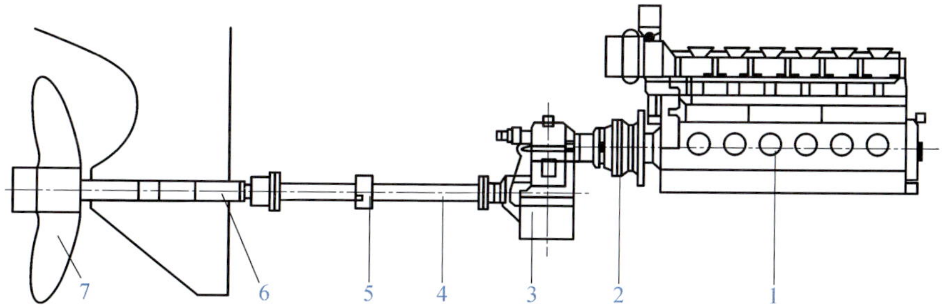

图65　柴油机推进系统示意图

1—主机；2—高弹性联轴器；3—减速齿轮箱；4—中间轴；5—中间轴承；6—螺旋桨轴；7—螺旋桨

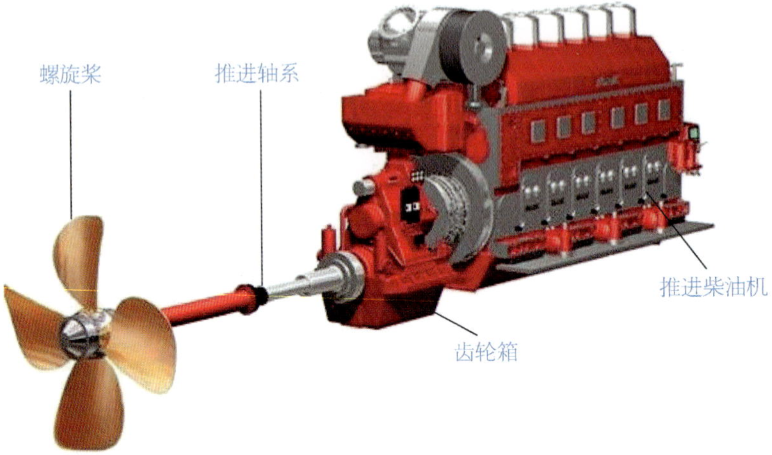

> 图66　柴油机推进系统实物图

“远望5”号、“远望6”号航天测量船是第三代综合远洋航天测量船，动力系统首次使用中速柴油机驱动可调螺距螺旋桨，为双机双桨动力型式。2台中速推进柴油机分别经左、右减速齿轮箱和轴系驱动可调螺距螺旋桨，推进装置左、右对称布置在主机舱。中速柴油机尺寸较低速机显著减小，提高了船舶空间利用率；采用了弹性安装，振动显著降低。中速柴油机与可调螺距螺旋桨的使用，可以通过不同柴油机转速和螺旋桨螺距的组合，使推进系统始终工作在

> 图69　螺旋桨

> 图67　齿轮箱外形图

> 图68　船用齿轮箱

振动、油耗较低的范围内。这样的特性特别适合航天测量船经常在低航速下执行测量任务的特点，提高了船舶的机动性和适航性。

“远望7”号航天测量船动力系统与“远望5”号航天测量船类似，首次采用了模块化燃油共轨及电控喷射方式的推进柴油机，有别于传统的机械式燃油喷射系统。该柴油机将燃油喷射压力的产生和喷射过程彼此完全分开，可根据船舶航行对动力的需求，实时、精准控制柴油机输出动力，较显著地降低燃油消耗和空气污染。同时，其动力系统满足《国际海上人命安全公约》中客船“安全返港”的相关要求，安全性能得到了大幅提升，可以使船舶在发生事故时，保证至少有一套动力系统和电站还能正常运行。

推进监控系统是指实现船舶主机、轴系和推进器等的远距离控制、监测和报警的系统。按操作部位优先级依次为机旁手动操纵—机舱集中控制室控制—驾驶室遥控。

“远望1”号到“远望7”号航天测量船动力系统的不断进步，不仅体现了航天测量船对动力系统性能的基本要求，还体现了绿色、环保理念的深入人心，更加体现了安全、舒适、以人为本的设计理念，这些也是中国船舶工业不懈追求的目标。

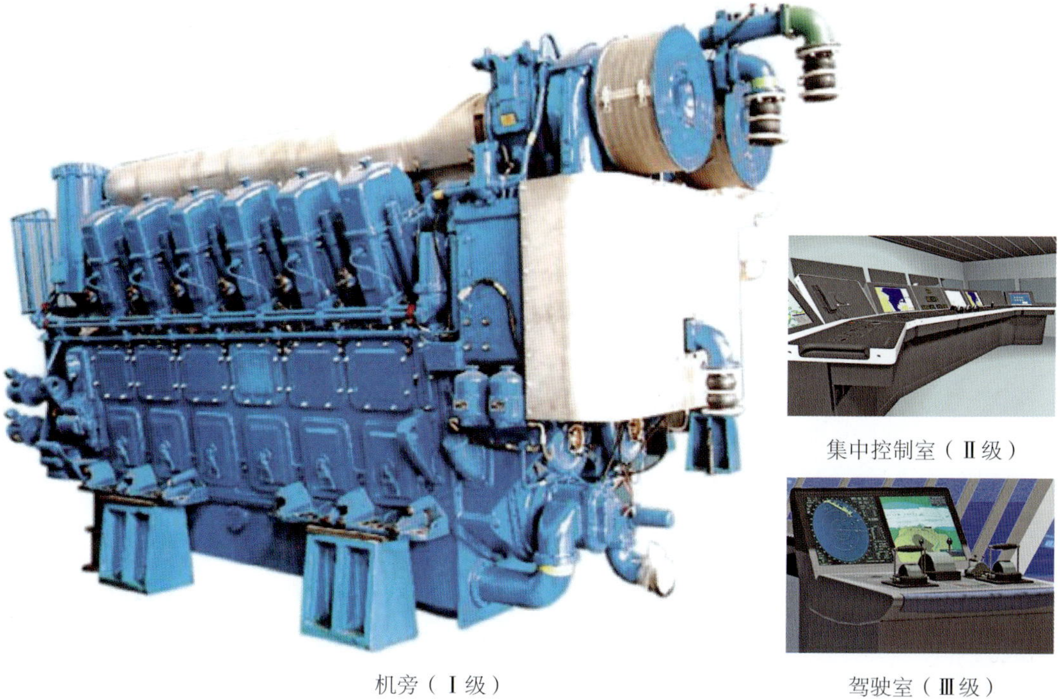

集中控制室（Ⅱ级）

机旁（Ⅰ级）

驾驶室（Ⅲ级）

> 图70　推进控制操作优先级

移动的电站——船舶电力系统

“远望”号航天测量船的电力系统设计具有以下三大特点：一是电力系统庞大、电站可靠性强；二是电力系统新技术和新规范的不断应用；三是高度智能的集成化设计。

> 图71 船舶电站

电力系统庞大、电站可靠性强

“远望”号航天测量船采用400伏特、50赫兹电力系统，在执行测控任务时，往往要提前到达预定海域待命。如果发电机出现故障并且无法在海上修复，就会错过来之不易的航天测控任务窗口期。因此“远望”号航天测量船的电站均按照2:1的发电机冗余进行设计，一般采用小容量多机组的设计原则，在机舱布置允许的前提下尽量多布置1台发电机，如“远望5”号航天测量船主电站由5台770千瓦发电机组成。

由于“远望”号航天测量船体型庞大，主船体长度都在200米以上，人员较多且起居处所遍布全船，因此电力系统的设计采用区域配电模式，按照全船划分的若干个防火区域设置区域配电板，每一个区域内设有一至两组区域配电板，每一组区域配电板可以为区域内的照明、通风、空调及生活日用设备供电。

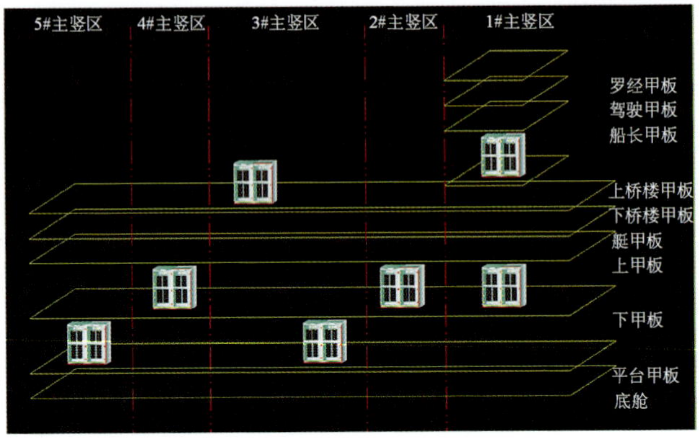

> 图72 “远望”号航天测量船区域配电示意图

电力系统新技术和新规范的不断应用

随着我国航天事业的发展，“远望”号航天测量船也基本按照每10年一代的速度不断更新，各类新技术和新规范的不断涌现也注定使“远望”号航天测量船电力系统具备了与众不同的特点。“远望7”号航天测量船除了是一条航天测量船以外，也是一条标准的客船。例如按客船安全返港相关要求，电力系统采用了双电站设计。

全船如火灾报警、广播通用报警、浸水报警以及水消防等多个系统均满足客船安全返港要求，系统规模也较其他“远望”号航天测量船成倍提升。在建造过程中，各类电缆就累计使用了约900千米，这个用量相当于同吨位散货船的10倍；如

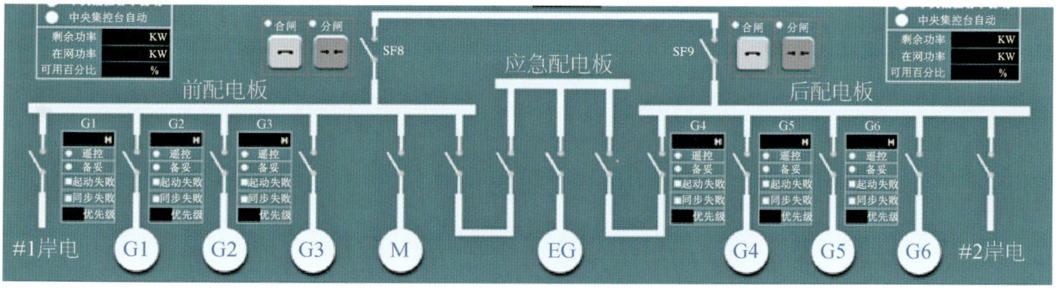

> 图73　双电站系统设计示意图
（G1～G6为1～6号柴油发电机，EG为应急发电机）

果将全船所有的主配电板、区域配电板、专用配电板、组合起动屏等配电设备并排放在一起，长度更是达到了200多米。

高度智能的集成化设计

“远望”号航天测量船除了采用目前

> 图74　安全控制中心所在地——驾驶室

> 图75　驾驶室外观

> 图76　安全控制中心及海图作业区

小贴士

浸水报警系统

浸水报警系统由分布在各个舱室的浸水探测传感器和显控终端组成。当有舱室浸水时，系统会第一时间在安全中心系统的显控终端发出警报，同时在显示屏上显示浸水的具体部位，可让船员第一时间前往事故现场进行处置。

> 图77 中央集控中心示意图

船舶自动化领域较为常见的周期无人值班设计以外，还引入了两大控制中心的设计，即位于船艏区域驾驶室的安全控制中心和位于船舯区域中央集控室的集控中心。

此外，“远望”号航天测量船在局部舱室采用了智能照明系统，船员起居处所的通道及梯道全程采用了疏散指示系统，以上设计理念均来源于搭载旅客较多的邮轮。

海上“指南者”——船舶航海系统

航海系统主要包括综合桥楼系统、导航雷达、电罗经、航行数据记录仪等。它提供“远望”号航天测量船从码头赴航天测控海域的安全航行保障，航行过程中按预定时间抵达各报位点和测控海域，保证船舶安全；与动力系统协同配合为测控系统提供各类测控作业所需测量工况的支持。

测量船的“呼吸系统”——空调通风系统

“远望”号航天测量船自第一艘诞生起，空调系统就作为一个重要的船舶辅助系统，为保障航天测控使命任务的圆满完成作出了贡献。

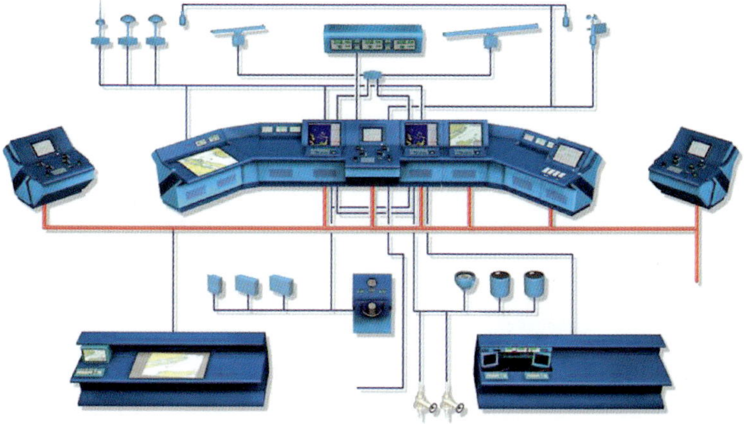

> 图78　综合桥楼系统组成图

> 图79　船用导航设备——电罗经、航行数据记录仪、操舵仪

航天测量船的空调通风系统有两大任务目标：一是应对海上酷热（或寒冷）的气候，为全船工作人员创造一个舒适安静的居住、活动和工作环境；二是为保证测控系统、通信系统和气象系统等任务系统的设备正常工作，持续保证维持合适的温、湿度环境。

小贴士

安全中心和集控中心

安全中心通过一套信号采集以及计算机控制系统对于全船诸如火灾报警、进水报警、防火门、防火风闸、舱室喷淋、水密门等与人员安全相关的信息进行采集，通过人工智能的判断程序，对于发生不同灾害事故时分别给出相应的响应预案，可以指导值班船员如何应急处理各类灾害事故，并能通过疏散指示系统向船上所有人员指示出应急状态下的撤离线路。

集控中心将主动力、主电站、船体应力监测以及空调冷藏等辅助设备的监控信息统一集成在一处，最大限度地集成优化了系统设计，并将集控室从机舱区域转移至环境较好的船中心位置，打破了常规船舶集控室设在机舱区域的理念，极大地改善了船员值班的环境及工作效率。

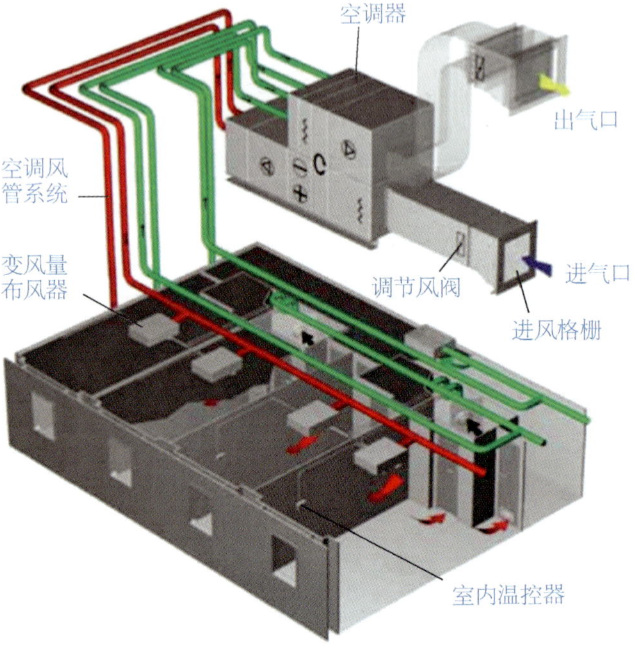

> 图80 空调通风系统组成示意图

与常规船舶不同，航天测量船由于测控系统的设备发热量很大，工作舱室长期需要供冷，即便是在冬季船员生活区需要采暖时，测控系统设备区域仍然需要供冷，因此空调系统分成生活系统和特装系统，按需运行整个空调系统（如生活舱室和特装分区域采暖/供冷或组合等），从而实现空调系统的两大任务目标。

新型航天测量船（如“远望5”号、“远望6”号）的空调系统采用变频空调器+变风量空调送风，实现了居住舱室的温度/风量的个性化调节；送回风组合运行精心降噪，完善内外区划分，使整个空调系统运行和管理效能得到了很大的提高；设有空调监控及数据采集系统，可以对各个空调器、冷水机组及水泵等的运行状态进行远程监控管理；设有安全返港的安全区温度控制的独立系统，满足客船的最新要求；实现了空调系统专用的中央冷却水系统，从而最大限度地降低了海水管系腐蚀泄漏的隐患。

测控之“通天神器”

船载各类测控设备

每艘航天测量船的功能大致相同，但船载测控设备的组成不尽相同，主要测控设备配置见表1。“远望”号航天测量船上各类大小、形状不同的天线是完成

表1　“远望”号航天测量船主要测控设备配置一览表

船　　名	脉冲雷达	S频段统一测控系统	C频段统一测控系统	经纬仪
“远望1”号航天测量船	有	有	—	有
“远望2”号航天测量船	—	有	有	有
“远望3”号航天测量船	有	有		有
“远望4”号航天测量船	—	有	—	—
“远望5”号航天测量船	有	有	有	有
“远望6”号航天测量船	有	有	有	有

> 图81　航天测量船各类天线剪影

航天测控任务的核心力量，以下以“远望5”号航天测量船为例，对其主要的测控设备和天线做简要介绍。

航天测量船上的天线有锅状的、球状的、杆状的；有高的，有矮的；有巨大无比的，有小巧玲珑的，简直就是一个各式天线展示场。

船载无线电跟踪测量设备

船载无线电跟踪测量设备是“远望”号航天测量船对航天器实施跟踪测量和控制、体现航天测量船测控能力的主要设备。

目前使用的主要有脉冲雷达、C频段统一测控系统（UCB）、S频段统一测控系统（USB）和X频段统一测控系统（UXB）。露天甲板上主要有C+C测控天线和S+X测控天线。

C+C测控天线由10米口径抛物面主天线、自引导天线及方位、俯仰型天线座组成。自引导天线可在需要时引导主天线捕获目标并辅助完成目标鉴别。它是测量船对运载火箭和航天器精密弹道测量的重要手段。

S+X测控天线为S频段统一测控系统和X频段统一测控系统的共用天线。它可

> 图82 C+C测控天线

> 图83 S+X测控天线

对几千千米乃至数十万千米外（如远至月球）的飞行器进行测控，可以同时实现对各种飞行器的无线电定位、遥测、遥控和通信等多种测控功能，天线口径12米，是目前“远望”号航天测量船上口径最大的设备天线。

光学测量设备

航天测控使用的主要光学测量设备为光电经纬仪。它是一种高精度光学测量仪器，其主要用途是昼夜测量恒星，解算惯导航向误差，校准惯导航向；跟

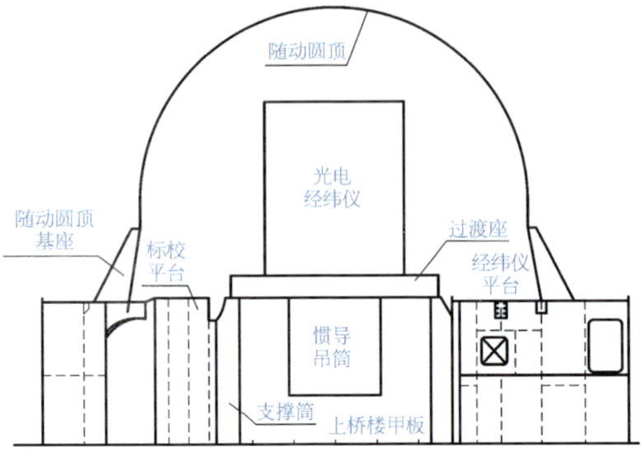

> 图84 光电经纬仪及其随动圆顶剖面图

踪测量校飞飞机和标定气球，鉴定其他测量设备的测角、测距精度。它还可以在外部系统辅助下，进行昼光电视测角和激光测距。

光电经纬仪在航天测控中主要用于激光测距、中波红外和可见光测量、空间目标监视等，由跟踪架、电视测量系统（含调光调焦系统）、激光测距机、目标监视电视、随动圆顶和标校工具等部分组成。

光电经纬仪整体外形似一半球，外形类似蛋壳的白色壳体为圆顶，它可在驱动电机的作用下在需要使用经纬仪测量时打开，并能随着经纬仪的转动而随之转动。圆顶为经纬仪内的各类精密光学测量器件提供了良好的外部环境保护。

经纬仪看起来就像因纽特人的圆顶雪屋，内部可保持经纬仪工作和储存所需的环境条件，里面除了安装经纬仪各类组件外，还有专门的空调通风设备及供操作人员工作的宽敞空间。

> 图85 光电经纬仪

> 图86 光电经纬仪内部

卫星通信设备

卫星通信设备是“远望”号航天测量船与岸上（陆地）通信的重要手段，它是海上测控通信试验任务的重要组成部分，也是影响航天测量船试验任务圆满完成的重要因素。它主要包括7.3米卫星通信地球站和3.8米卫星通信地球站。

> 图87 7.3米卫星通信天线

> 图88 “八爪鱼”举着的“超级大足球”——3.8米卫星通信天线

7.3米卫星通信地球站主要用于开展航天测控任务期间与陆地上的指挥中心通信，天线口径达7.3米，是目前国内已经安装使用在船舶平台上的最大口径的卫星通信天线。

3.8米卫星通信地球站主要负责本船在前往将要执行任务海区的航行过程中与陆地上的通信联络。3.8米卫星通信天线与7.3米卫星通信天线互为备用，可保障本船不间断的卫星通信。同时为提高天线抗风性能，为该天线设置了外形如足球的白色透波天线罩，天线罩上设置了可供维修人员进出的门，并在天线罩相应位置设置了人员上下的扶梯。

天-地通信设备

载人航天工程需要航天测量船保障地面人员与身处太空的航天员之间的话音和遥测数据的传输，相应地通信就由地面信息传输延伸到了天地之间。目前各航天测量船均配置了天-地通信设备。

天-地通信设备主要完成载人飞船与测量船间的航天员话音、遥测信息的传输。每一个船载站分别负责自己所在一定区域范围内与飞船的无线电通信。通过天-地通信设备，可以与位于数百千米高度的飞船上的航天员进行聊天。

天地甚高频（VHF）通信船载天线由位于东西南北中5个方位上的5组小型天线通过若干连杆和支架组成一个收发天线阵，天线底部设置有跟踪与伺服单元。通信时，航天测量船根据预先得到的航天器的轨道数量，计算得出天线在不同时间点的工作方位和俯仰角，跟踪伺服单元相应转动天线以跟踪目标。

气象卫星云图接收设备

“远望”号航天测量船就是一个流动的气象观测站。目前，船上配有多功能卫星云图接收处理设备，对台风的预报尤为有效，可接收我国的风云二号、风云三号、风云四号以及部分国外静止气象卫星发布的高、低分辨率云图资料和

> 图89 天地VHF通信船载天线

> 图90　卫星云图示例

> 图91　卫星云图显示的印度洋上的两个气旋

信息，对预报员做出准确预报、减轻气旋或台风等灾害性天气对测量船的影响、圆满完成海上测控任务中的气象保障具有十分重要的意义。

小贴士

卫星云图

卫星云图是指由安装在气象卫星上的成像设备观测到的地球上空的云层覆盖和地表特征的图像。人们利用它可以分析认识不同的天气情况，确定它们的位置，并分析预测天气的发展趋势，为天气预报提供重要依据，在缺少气象观测站的大海上尤其重要，可弥补常规气象探测资料收集的不足。

> 图92　卫星云图接收天线

测控原理和流程

航天测控是指测控站与航天器双向传输测距、遥测、遥控、话音、图像、通信等信息，包括测量、控制和通信三个组成部分。测量是指针对航天器等飞行目标进行的多种手段的远距离测量，根据获得的测量数据可以掌握飞行器的飞行状态、飞行轨迹，判断飞行器的工作是否正常。控制是通过向飞行目标发送指令使其能够按照地面的要求做出相关动作，控制飞行器的状态。通信不仅包括地面测控站、测量船和指控中心间的信息交换，还要完成飞船和地面的天—地之间的通信。

例如，将测距信号装到一号车厢，将遥测信号装到二号车厢，将图像信号装到三号车厢，然后将一节节车厢挂到一个火车头上。如果一个火车头只拉遥测一节车厢，这就是独立测控的概念。功率放大的目的就是可以让火车带动车厢走得更远。接收端就是卸火车的过程，将原始信息取出来。

“远望”号上的无线电跟踪测量设备、光学测量设备等通过全船计算机网络连接起来，通过通信系统与陆上测控站、飞行指挥控制中心构成统一的测控网，对飞行试验中的目标进行跟踪测量，获取目标的位置参数、遥测参数，对航天器实施控制和数据注入，支持其正常运行。以下是其测控工作的示意图。

航天测控时，位于陆地的指挥控制中心与航行在大海上的航天测量船通过空中的通信卫星连接成一个网络，通过这个通信网络可以传输相关的控制指令，对飞船的有关状态信息进行交互；同时测量船依靠船上的测控设备可直接对航行海域测控范围内的飞船进行测量和控制。

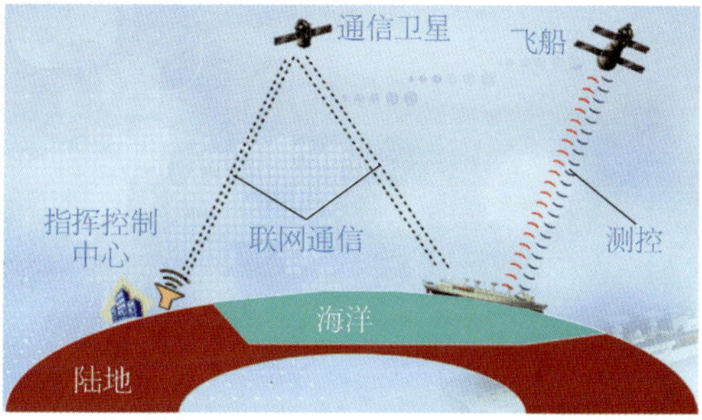

> 图94 航天测控示意图

> 图93 测距信号如同火车车厢

航天测控的作用

测控的主要任务是跟踪测量运载火箭，监视卫星、飞船、空间站等飞行器的工作状态，并对其姿态进行调整、对轨道进行控制等。航天测控系统在每一次的航天器（卫星/飞船）发射任务中发挥着至关重要的作用。跟踪测量、遥测和遥控系统是整个测控系统的基本部分。

在航天测控过程中，需要完成对航天器的轨道测量以及对航天器的遥测、遥控，并能在航天器运行过程中与其开展远距离的图像话音和高速数据通信等。

航天测量船的海上测控，就是在茫茫大海上完成对运载火箭、航天器的测控，与陆上相比的主要不同在于测量船本身是在预定海域（例如太平洋、印度洋和大西洋）动态航行的，船上的测量设备时时刻刻处在动态变化的平台上，能够对航天器提供陆地上无法测控的关键弧段的支持。

关键弧段，一般指的上升段和返回段，因为这两个弧段最容易发生故障，从地图上看，这两个弧段的航天器飞行轨迹就像一个“八”字，如下图中发射上升段和返回段形似“八”字的一撇一捺。

跟踪测轨

航天器在轨道上是按照预定轨道飞行的，那么我们在地面或海上怎么能知道它是否沿预定的轨道飞行呢？这靠的是跟踪测轨系统。

什么是跟踪测轨系统呢？简单地说，对航天器的运动轨迹和目标特性进行跟踪和测量称为轨道测量。飞行轨道是由每一时刻航天器在以发射点为原点的直角坐标系中的相对位置、速度和加速度来表示的。测量手段包括光学测量和无线电测量。

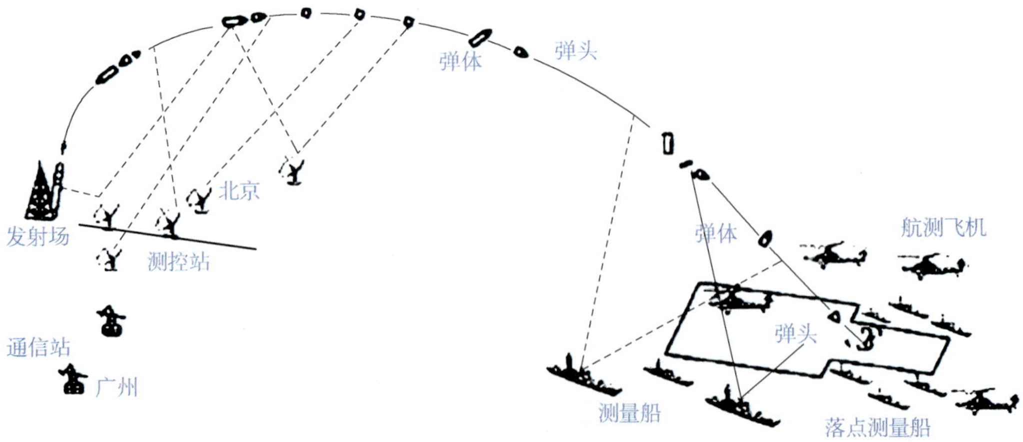

> 图95 “718”工程洲际导弹全程飞行试验示意图

光学测量是运载火箭飞行中最基本的测量方式，它不但能测量航天器的飞行轨迹，而且能直接观察到航天器的飞行姿态以及航天器外部有没有起火冒烟等外部现象。

光学跟踪测量系统是一个具有随动机座（能跟着航天器随动的装置）的大型望远镜。它像眼睛一样随时盯着飞行中的航天器，将其生动形象地显示在屏幕上。这时只要测量随动机座的方位角和俯仰角，通过对两个或多个地面站上的望远镜随动机座的方位角与俯仰角进行交汇计算，就可计算出航天器的轨道参数。

光学测量主要是用激光、可见光、红外线等进行测量，相关设备如电影经纬仪、光学望远镜、弹道照相机、高速摄影仪、红外测量仪、激光测量设备等。

这种手段不需要卫星太多的配合，只是观测、记录它的运动情况。由于它是光学方法，所以受卫星的大小和表面反射特性、观测时间、天气的好坏等因素的影响和光照的限制，不能全天候工作，因此其跟踪的范围有限。一般用高速摄影仪拍摄火箭箭体离开发射架的漂移量和初始起飞实况；用光学望远镜记录分析姿态、火箭级间分离的各种现象；用电影经纬仪精密测量弹道；红外测量仪可以在白天、夜晚和各种气象条件下测量火箭飞行景象和返回舱返回大气层景象。

神舟六号飞船返回舱返回时，布置在着陆场附近的红外测量设备在晚上将黑障内的返回舱、开伞后的下降过程及着陆瞬间全部都拍摄下来，为分析返回舱工作状况提供了宝贵素材。目前，激光测距越来越受到重视和实际使用，其主要优点是测距精度高，它可以为无线微波测量设备提供固定偏差修正的依据。

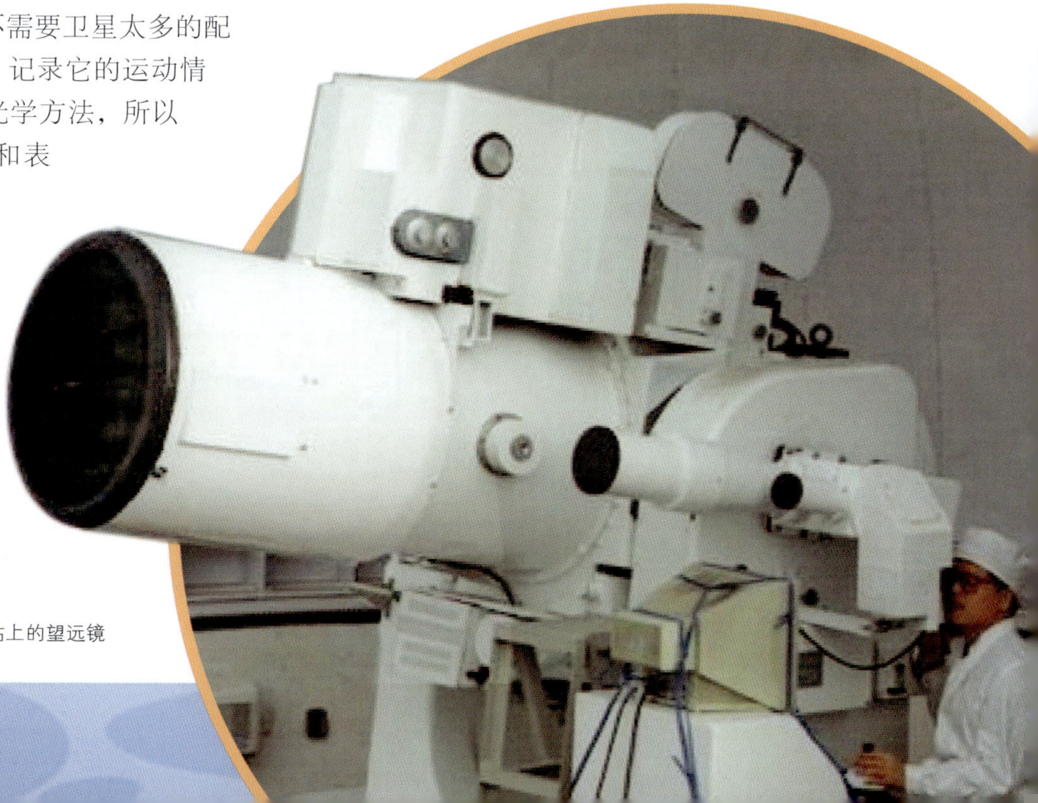

> 图96　地面测控站上的望远镜

一般在执行测控任务前，测量船上的工作人员都会对船载的各类测控设备进行

> 图97 黑障示意图

> 图98 “远望”号航天测量船工作人员正在检查用于轨道测量的巨型雷达

状态检查。图98上图为执行某次任务前船员操作维修平台对脉冲雷达天线馈源进行仔细检查的情景，维修平台吊臂前端的挂篮可以轻松将3名工作人员吊起，并根据高低和远近的需求进行灵活调节。

另一种就是无线电测量，也就是用雷达依据无线电波的传播特性对航天器进行跟踪和测量。它测量的精度高，作用距离远，但设备较复杂。它不受天气影响，可以实现全天候跟踪测量，地面通过无线电和航天器建立联系。

无线电测轨系统是由星上和地面两部分组成的，星上部分有发射机、接收机、天线等；地面（或船）部分有测控站，在测控站内有各种不同用途的雷达、发射机、接收机、天线、数据终端、计算机以及记录显示设备等。这些设备总体而言有两大类：一类用于接收航天器传给地面的信息；另一类用来向航天器发射信号。常用的无线电测量主要是指用超短波、微波等进行弹道和轨道测量。

以测量无线电波在空间传播时间为基础计算距离的系统叫测距系统；以运动目标与固定测量站之间电波传播产生多普勒效应为基础计算速度的系统称测速系统。测量设备可以分为脉冲雷达、连续波测量雷达、多普勒频移测量设备等。

通过测量方位角和仰角，可以测出航天器相对于测控站的方向；通过测距可以进一步知道航天器在这个方向上的距离，从而知道航天器在太空中的具体位置；也可以不进行测角，通过三站测距来确定航

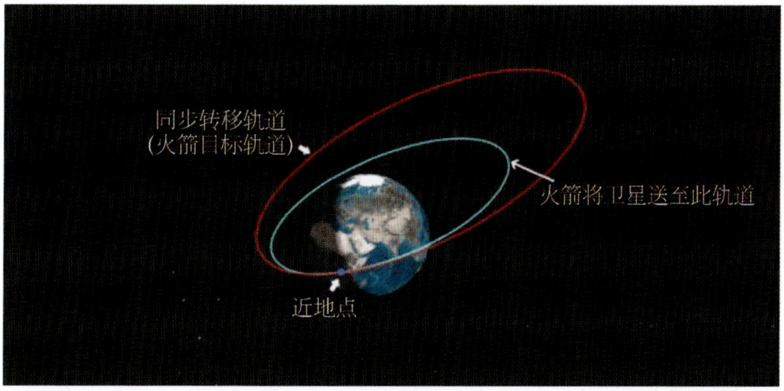

> 图99　卫星的初轨

天器的位置；通过测量距离变化率或多普勒频移可以知道航天器飞行速度。

不管是光学测量还是无线电测量，都存在两种测量方式：一种是应答式测量；另一种是反射式测量。前者需要航天器装应答机进行配合；后者不需要航天器配合，可独立完成测量。

脉冲雷达是常用的测距雷达。它从地面向运载火箭发送询问信号，装在航天器上的应答机接收到询问信号后，经变换载频转发到地面站，通过计算脉冲电磁波往返传输的延迟时间，扣除应答机反应的延迟时间，就可计算出航天器相对地面站的距离；在根据接收载波中的多普勒频移，就可计算出航天器的径向速度。

航天器的轨道是在航天器发射前就设计好的，但那只是理论轨道，而在航天器发射后真正运行的轨道为实际轨道。由于各种原因，两者总是会有偏差。

一般情况下，末级火箭的熄火点就是航天器的入轨点，当卫星与火箭分离刚刚进入轨道时，由于我们一直测量火箭的飞行参数，也就知道了卫星入轨点的参数，我们称它为卫星的初始轨道参数，或简称卫星的初轨。

已知卫星的初轨后，再连续跟踪一段距离，取得了一系列的数据，我们就能计算出航天器整个的运行轨道，也就是能知道它下一圈在什么地方，以及任何一个时刻航天器会飞到什么地点的上空，这就是航天器的轨道预报。再经过一段时间轨道调整，航天器就能进入预期的运行轨道。

小贴士

黑　障

航天器的返回舱在返回大气层时由于极速飞行，使返回舱表面周围与大气分子形成的一个高达几千摄氏度的高温区，会使返回舱与外界通信极度衰减和中断的现象。

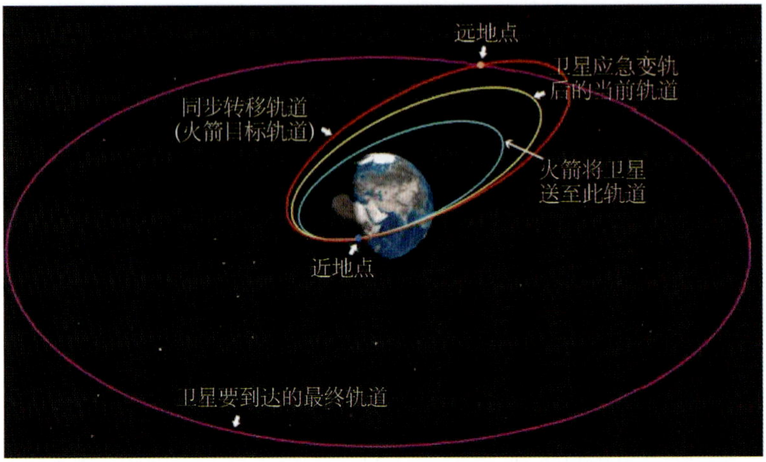

> 图100 卫星运行的轨道调整过程

航天器在长期运行中，由于受到地球引力、大气阻力、太阳和月球引力的影响，它的轨道会产生微小变化，我们称这种变化为轨道摄动，所以对轨道要不断地跟踪测量，必要时还要进行轨道修正和保持。因此，在航天器的整个飞行期间都需要跟踪测轨系统的支持。

卫星上安装的无线电测控设备有三种：无线电信标机、雷达应答机和多普勒测速仪。

卫星上的信标机（也叫引导信标机）连续地（也可以是间断的）以一定的频率向地面发射特定的宽波束、大范围无线电信号，它的波束比较宽，覆盖范围大。地面测控站的接收雷达天线在不停地转动，根据星历表的指引，搜索、捕获在茫茫太空中的卫星目标。

单脉冲雷达在引导信标机的导引下，向卫星上的雷达应答机发射信号，应答机接收到信号后再向地面站回答一个信号。

这种雷达的波束很窄，测量的精度很高，在一来一往、一应一答的电波传送中，利用信息就能够算出航天器所处在的方位、高度和飞行速度，进而可以得到航天器精确的实际轨道数据。

多普勒测速仪的工作原理是利用相对运动的物体频率的变化，计算出航天器的高度、速度和方位。如果用这种方法连续测量，就可得到精确的航天器实际轨道数据。

> 图101　卫星测控通信地面站

> 图102　各种卫星导航定位系统

> 图103　我国的北斗卫星导航系统

小贴士

北斗卫星导航系统

北斗卫星导航系统是我国拥有自主知识产权的卫星导航定位系统，是为全球用户提供全天候、全天时、高精度的定位、导航和授时服务的国家重要空间基础设施。由空间卫星、地面中心站、用户终端和标校站组成。具有快速定位、双向通信和精密授时三大基本功能。它打破了美国等发达国家垄断卫星定位导航技术的局面，大大推进了我国信息基础设施建设，提高了我国经济和军事信息化的水平。

图104 卫星导航定位系统可对陆地、海上和空中的目标进行定位

通过导航卫星也可以进行轨道测量，例如利用我国的北斗卫星导航系统、美国的全球导航定位卫星系统（GPS）或俄罗斯的GLONASS导航定位卫星系统。

全球卫星定位系统包括绕地球运行的多颗卫星，这些卫星能连续发射一定频率的无线电信号。只要持有便携式信号接收设备，则无论身处陆地、海上还是空中，都能收到卫星发出的特定信号。接收设备选取几颗卫星发出的信号进行分析，就能确定接收设备持有者的位置。全球卫星定位系统还具有其他多种用途，如科学家可以用它来监测地壳的微小移动从而帮助预报地震；测绘人员利用它来确定地面边界；汽车司机在迷途时通过它找到方向；部队依靠它来保证正确的前进路线等。

遥测

当航天器在天上飞行时，不但要跟踪它，了解它的位置，而且还需要知道它工作的情况是否正常。如果有故障，要知道是哪个系统的什么部位的什么仪器有问题，以便采取相应的措施。这时，测控系统中的遥测部分开始启动。

遥测是将航天器上各系统及设备的工作状况（如设备状态、环境、姿态等参数）进行采集编码，然后通过无线方式下行传输到地面。

航天器可以在经过测控站上空时实时采集这些参数并传至地面，这种遥测叫实时遥测；航天器也可以在境外进行采集、存储，经过测控站时再传输下来，这种遥测叫延时遥测。地面专家可以据此了解航天器的工作实际情况。当航天器出现故障时，可据此分析诊断故障原因，快速找到症结，采取有效措施，尽量挽救航天器。

遥测是了解航天器工作状况的有效手段，主要包括“近测”和“远传”两部分。“近测”即通过装在航天器上的传感器和仪器，收集航天器的各种工程参数，如航天器内的温度、压力、氧分压、电压等；“远传”即经过仪器变换成可以发送的无线电信号，再经过发射机及装在航天器上的各种天线发射出去，航天测量船上的

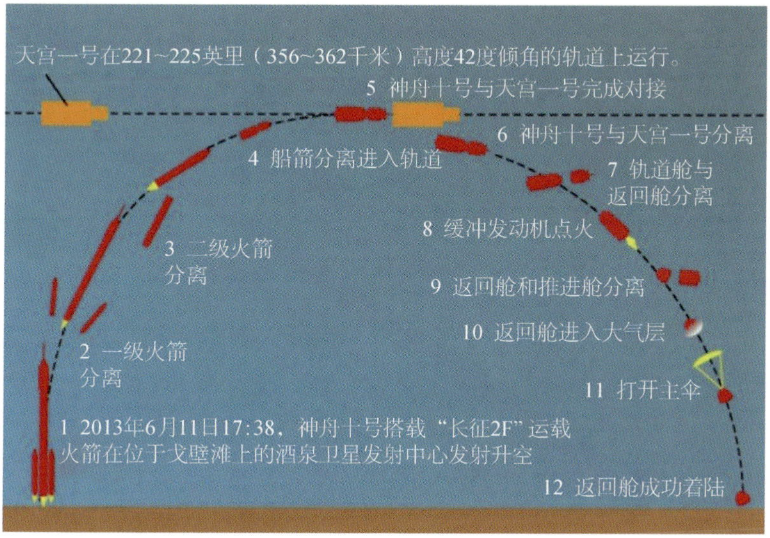

> 图105　神舟十号的飞行全程示意图

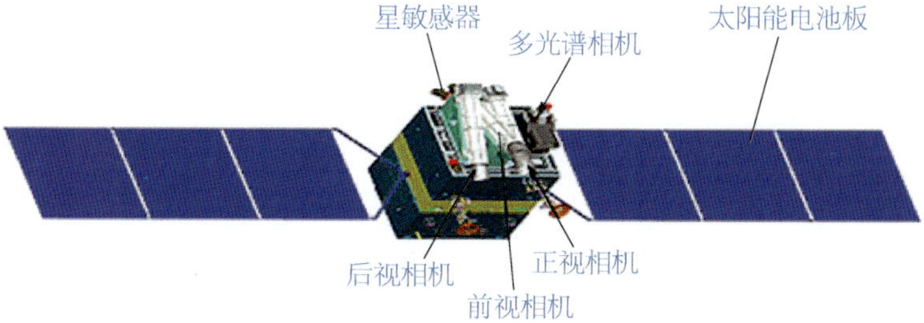

> 图106　航天器上的传感器

遥测设备接收到这些无线电信号后，经过变换就可以判断航天器上的各种参数是否正常。

如果是载人航天，这些数据还会在航天员面前的仪表板或显示器上显示出来，使航天员随时掌握情况。

遥测除了传送以上这些航天器参数外，还要传送航天员的生理参数，如航天员的血压、体温、心率等，同时在航天员身上的相应部位安装各种传感器，以实时观测航天员的身体健康状态和在空间条件下工作时各种生理特征的变化与反应。

所以遥测是测控的基础和前提，没有“测”就谈不上“控”。遥测对火箭、航天器的发射和正常运行有着举足轻重的作用。

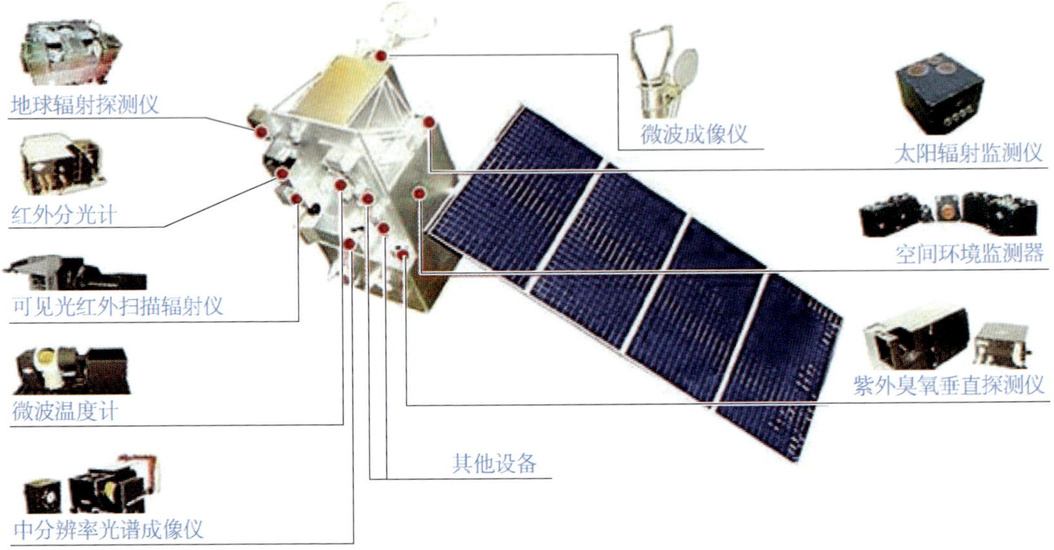

> 图107　风云三号气象卫星上的各类传感器及仪器

> 图108　宇航员尤里·加加林使用过的飞船仪表盘

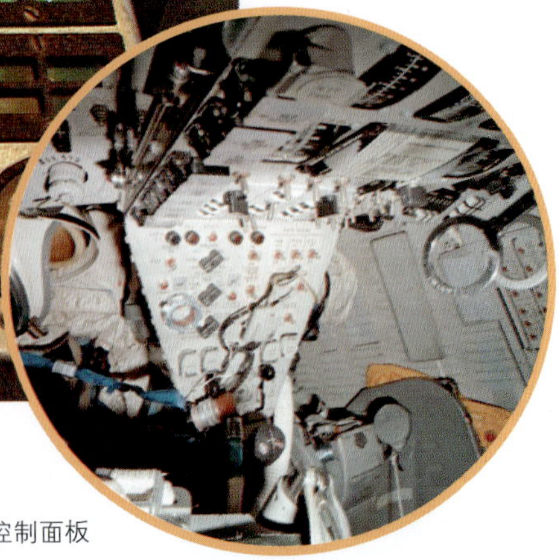

> 图109　“双子星座”号飞船的内部控制面板

遥控

遥控是地面控制人员通过无线方式对运行在太空中的航天器进行远距离控制。

它的工作原理是航天测量船或其他测控站将控制指令变为无线电信号，远距离传输到航天器上，实现对航天器的控制。地面人员不但可以跟踪航天器，掌握它的工作状态，而且还可以主动地对它进行干预和控制。航天器上的遥控接收机收到指令后，首先进行识别、译码、解码，然后变成可以执行的命令，传给相应的航天器上的设备，完成相应的动作。

航天器入轨后干什么、何时干、如何干，都需要通过遥控将地面科学家的意图发送上去，如对仪器设备进行开/关机、主机/备机切换、电源母线接通、设备加温、控制航天器进行变轨、进行有效载荷相关试验、星钟校正等。当通过轨道测量或遥测信息得知航天器出现了故障时，也是要通过遥控进行远程诊治，控制飞船完成某些临时的动作，甚至提前分离、提前返回地面，这就是遥控部分的任务。

各种航天器在失重的环境下飞行，如果不对它进行控制，它就会乱翻跟头，影响航天器完成所承担的各种任务。根据特定的任务，在飞行时对它们的飞行姿态都有一定的要求。例如，通信卫星需要将天线始终对准地面；对地观测卫星观测仪器的窗口要始终对准地面，如果乱翻乱滚，卫星哪里还能正常工作？

遥控可以是遥控指令，也可以是注入数据。遥控指令是立即指令，即航天器一旦收到便立即执行。注入数据包括航天器平台和有效载荷工作所需要的程控指令和各种数据。程控指令是按时间规定执行的指令，即程序控制执行；数据可以是各种参数，如变轨控制参数，也可以是软件代码，用于代替航天器计算机中原来的程序。

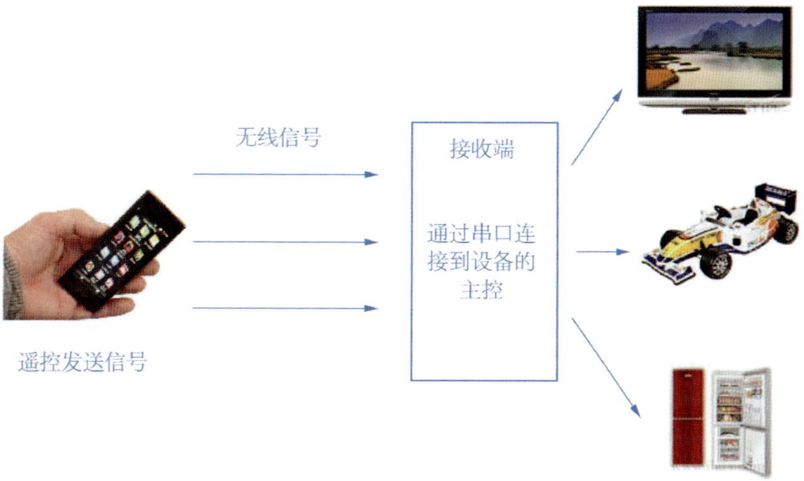

> 图110 遥控实现原理

图像话音

航天器在飞行时，有时需要将一些图像传输下来，以便地面科学家更直观地了解有关情况。

例如在发射上升段，地面火箭专家通过助推器分离、星箭分离的图像可直观地看出是否真正分离了，是如何分离的；在轨运行期间，通过图像话音系统，地面指挥人员可以了解有效载荷的工作情况，航天员的工作、生活、进餐、行走和睡眠等；舱内和舱外活动的画面可以让地面指挥人员真实地了解航天飞行任务进展是否一切正常；上、下行话音通道可以让太空中的航天员与地面控制中心直接通话，实时处理一些操作，特别是在异常情况下，话音包含的信息是最直接的，对飞行控制十分重要。

> 图111　航天员在国际空间站准备用餐
（可以看到袋装太空食品飘浮在航天员身旁）

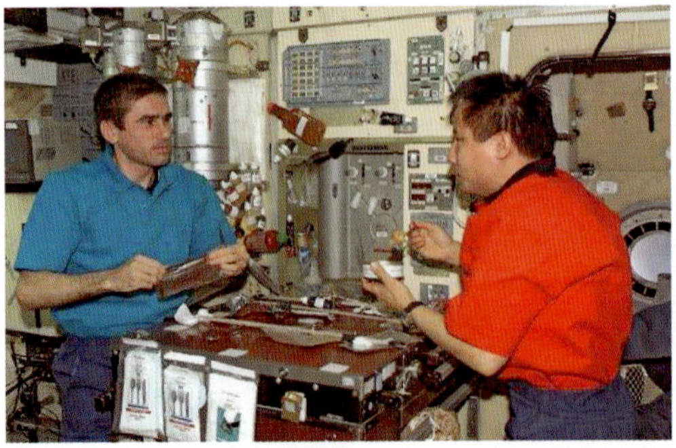

> 图112　航天员正在用餐
（可以看到摆在桌边的各种餐具，以及飘浮在餐桌上方各种各样的调味品和调料瓶）

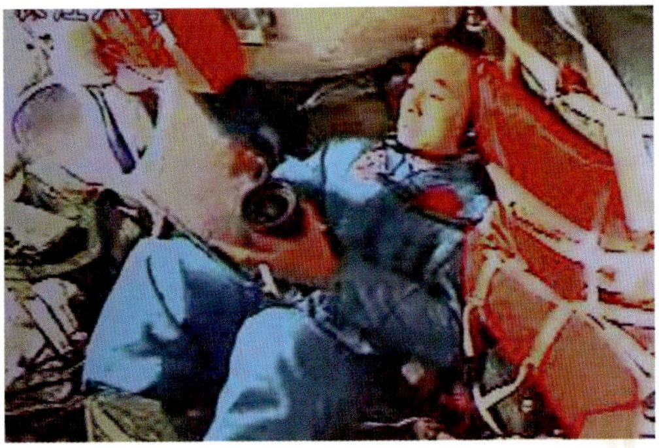

> 图113　“远望”号航天测量船接收到的航天员正在返回舱内用餐的图像

如神舟七号飞船舱内的实时画面就是首先通过安装在舱内的摄像机进行图像采集并编码，然后通过统一载波测控系统中

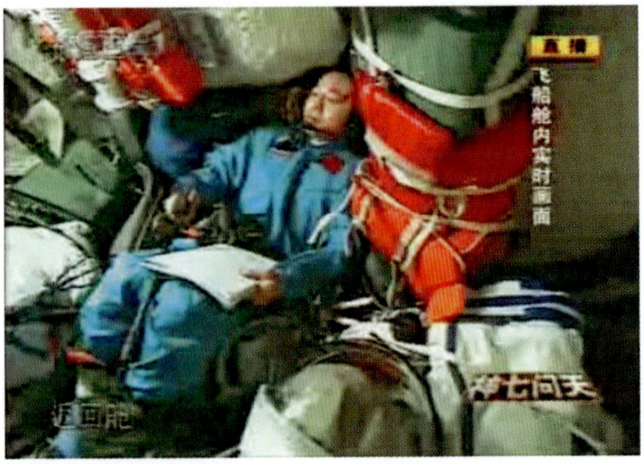

> 图114　中央电视台直播的神舟七号飞船返回舱内实时画面

的图像系统发送到陆地或海上测控站，测控站再对话音和图像数据进行解码后实时发送到中央电视台的实况转播系统呈现出来的。由于目前的测控通信传输带宽限制，对图像进行了一定的压缩以满足传输要求，所以图像的清晰度有所降低。

神舟九号的航天员在太空中执行任务期间，普通民众都可以通过电视了解他们在舱内的日常生活工作状况，让宇宙和飞船都不再神秘。

> 图115 航天员在天宫一号舱内钻进睡袋准备休息

（航天员在太空中睡觉不是“躺”着的，而是“站”入固定在舱壁上的睡袋里，免得睡着了漂到别处）

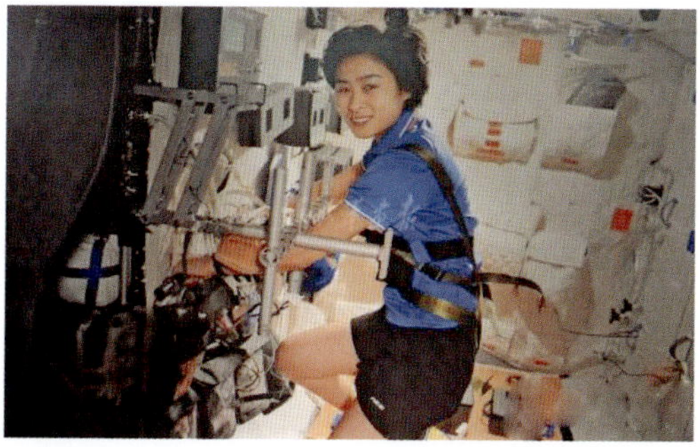

> 图116 航天员在天宫一号舱内使用特制的“太空体重计”测体重

（太空飞行中航天员由于肌肉萎缩等原因，体重一般都会减轻）

> 图117 航天员在天宫一号舱内练功

（“太空黄飞鸿”刘旺在天宫一号舱内展示“中国功夫”，这也是在轨身体锻炼的一部分）

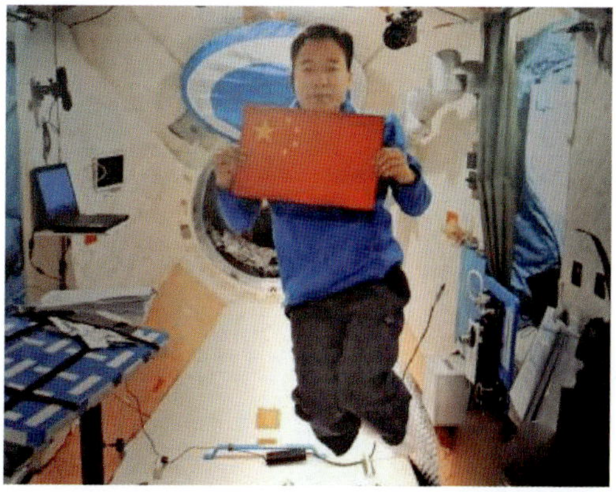

> 图118 航天员在天宫二号舱内展示五星红旗

通信

通信系统与测控系统有机结合，在火箭、飞船测控通信系统的配合协调下工作，共同完成对运载火箭和飞船的测控通信任务。

海上测控中的通信主要包含两方面：一方面是指测量船与航天器之间的通信联络；另一方面是测量船与陆地上的航天指挥控制中心或者测控站之间的通信。通信设备工作时段贯穿于航天测控任务准备与实施的各个阶段，是航天测量船上工作时间最长的设备。

通信系统除完成控制中心、测控站以及航天器之间的信息传输，通过无线信道把航天指挥控制中心与各测控站、航天发射场以及回收区联系起来，形成航天测控通信网外，在载人飞船飞行中还有另外特殊的作用，就是直接参与飞船整个运行的全过程，是载人航天工程不可分割的重要组成部分。

测量船与载人航天器之间的通信主要通过天地甚高频（VHF）通信设备完成，使用该设备可以与航天员通话并接收航天员的生理遥测数据。

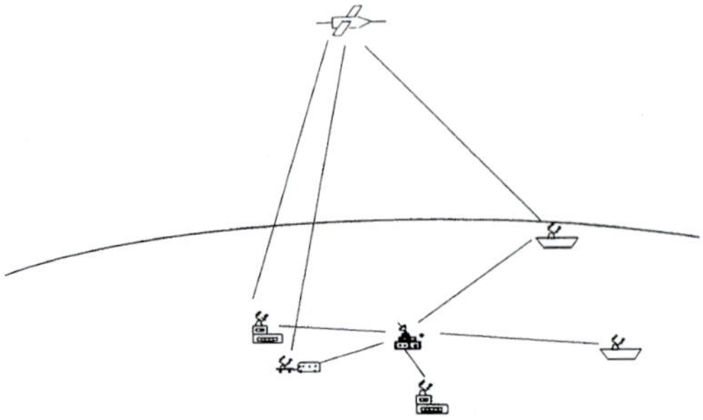

> 图119　天地VHF通信系统示意

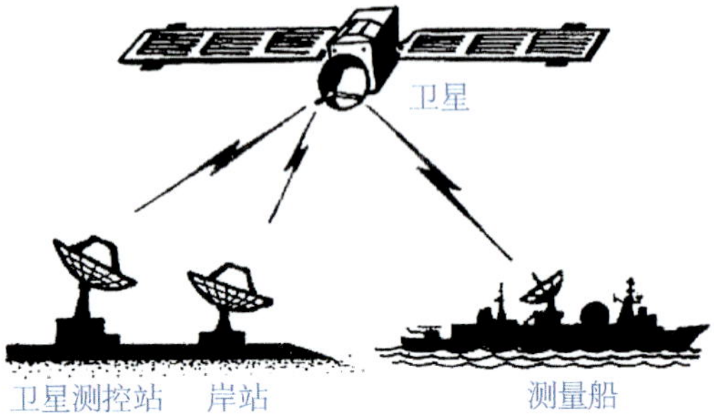

> 图120　卫星通信示意图

测量船与陆地上的通信主要通过卫星通信或者短波通信手段完成，可以完成数据、话音和电报等业务通信，日常以卫星通信为主，以短波通信为辅助备用手段。

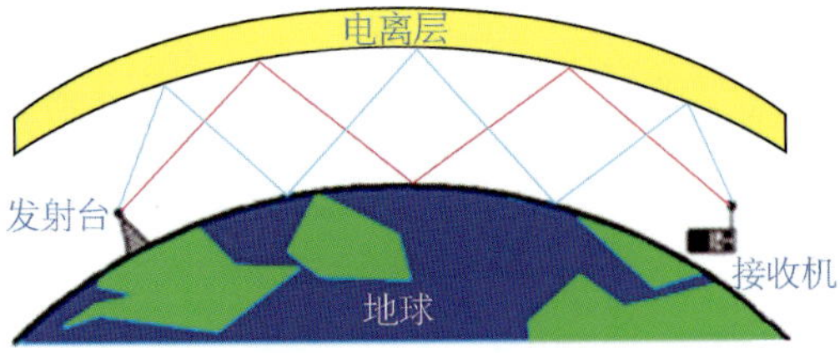

> 图121　短波通信原理

在中国载人航天工程海上测控中，航天测量船担负着天地话音传输任务，让中国飞天第一人杨利伟在太空中与地面成功进行了天—地通话。

载人航天器的通信设备是用于天上的航天员与地面或测量船上的人之间的直接联系，主要是无线电话设备和电视传输设备。

在载人航天器的生活舱内和每个航天

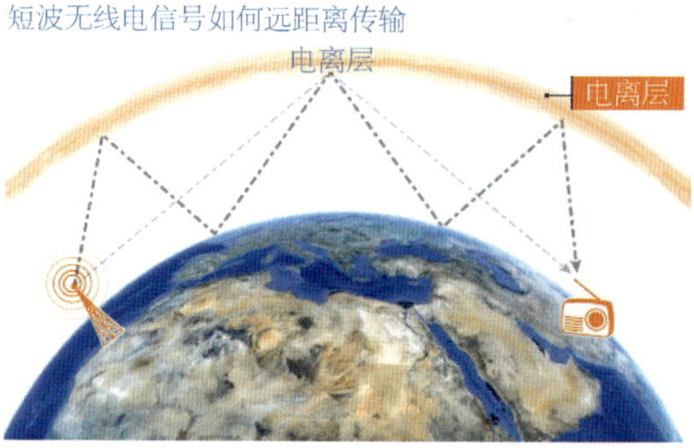

> 图122　短波通信过程

> 图124　头盔上配置各种设备的航天员

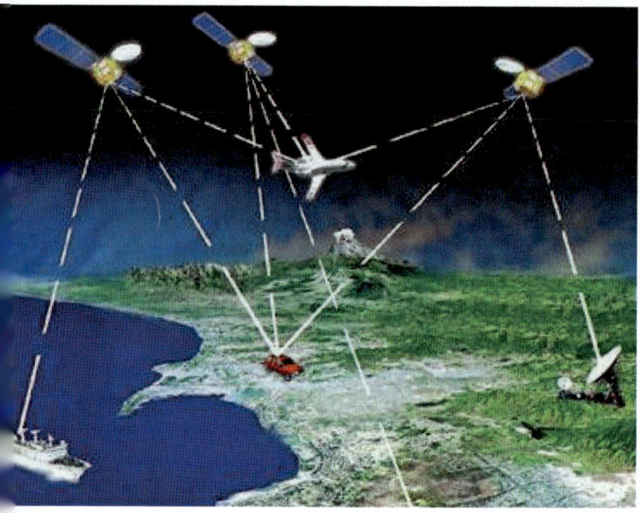

> 图123　天-地通信互联及手段示意图

> 图125　航天员头盔

员的头盔上都设有话筒、耳机、摄像机、显示器以及传输、录音录像设备，同时设有具备隔离宇宙射线辐射功能的特制玻璃面罩。在各个飞行阶段，航天员话音和活动的图像都要通过传输设备发送到航天测量船或者陆地测控站，使相应指挥员全面了解航天员的情况；同时地面指挥员可以与航天员通话，指挥或者指导航天员完成某些任务，航天员也可以向指挥员报告航天器的当前工作状态和他们自己的分析意见、身体状况和感觉、请示完成某些动作、请求返回等，以及接受领导的鼓励和亲属的问候。

正是通信设备发挥作用，才使在天宫一号开展科学实验的神舟九号航天员景海鹏、刘旺、刘洋与北京航天指挥控制中心进行视频交互通话；神舟六号航天员聂海胜在飞行任务期间与妻子和女儿进行了通话，女儿为其唱生日祝福歌，使聂海胜在天上过了一个特别的生日。

> 图126　神舟九号航天员与北京航天飞行控制中心进行音视频交互

电视传输设备也是载人航天通信的一个典型设备。在航天器的轨道运行段，航天测量船或者测控站人员可以通过电视传输系统很直观地掌握航天员的工作、生活、进餐和睡眠情况，可以像网络视频聊天一样彼此实时交流，完全没有相隔数万千米的感觉。同时通过各个媒体的直播/转播新闻报道，让生活在地球上的人们都能欣赏到航天员有趣的太空生活。

航天器的外部也安装有摄像机，可以监控航天员的出舱工作和活动情况；在有交会对接任务时，还可以观察两个航天器的相对运动和相对位置，监视捕获、缓冲、拉近和锁紧的完整过程，从而遥控调整各自的速度和飞行方向。

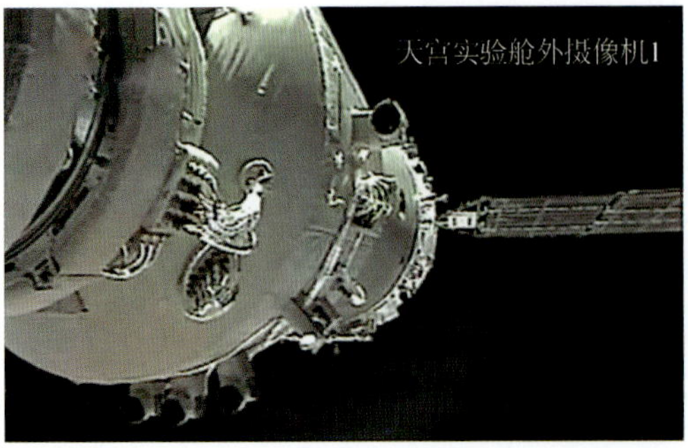

> 图127　天宫一号实验舱外摄像机拍摄的画面

随着我国航天事业的快速发展，特别是北斗定位导航卫星、载人航天、探月工程等以及星际和更远距离的航天飞行，对测控系统功能和性能要求越来越高，如要求精度更高的轨道测量和定位及姿态测定、对航天器机动控制的高实时性和精确性遥控、特远极远距离情况下的跟踪测量和高速数据交互等。

航天测控的开展

航天测控网的布局是根据航天测控任务的需要确定的。在发射场附近和对应航天器关键飞行段（如入轨点、变轨段、对接段、分离段、制动段、返回段等）所飞经的地区设置测控站。

不同的航天任务有不同的轨道，相应有不同的发射场位置、上升段所经航迹、入轨点位置、运行段轨道覆盖范围、

> 图128　通过天-地通信收到的航天员太空活动画面

[该图像是由事先安装在飞船外部的摄像头拍摄的。由于飞船对搭载的各类设备（如摄像头等）的外形、重量和工作环境适应能力等有严格的控制要求，以确保飞船的正常运行，所以摄像头体积及分辨率受限，拍摄的航天员太空活动画面不太清晰]

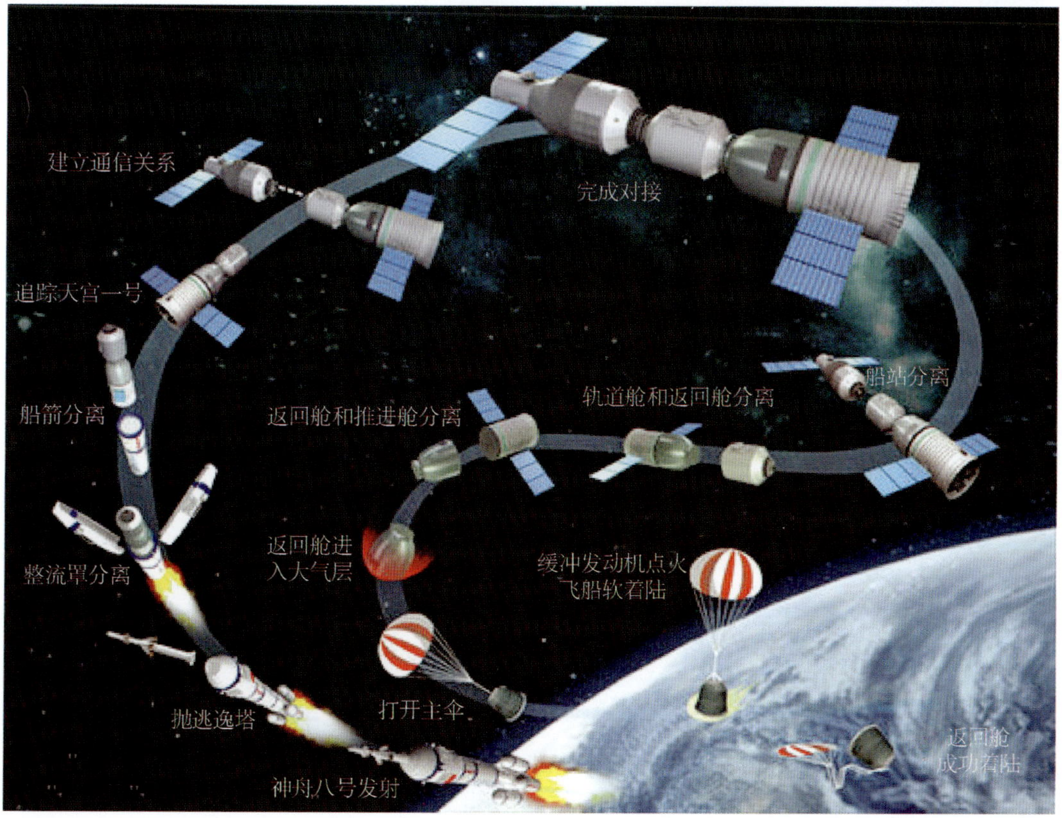

> 图129　神舟八号与天宫一号交会对接测控过程示意图

轨道改变和维持方式、关键航天活动的空域、返回段所经航迹等，这些均对测控网的布局、测控覆盖率有着不同的需求。

测控覆盖率是指测控网对航天器的测控时间（重叠测控部分只算一次）与航天器飞行时间之比。测控覆盖率越高，越有利于航天器的测控，越能增加测控任务的可靠性和安全性。

正常情况下，对关键弧段如上升段、入轨段、轨道机动段、交会对接段、航天员出舱活动段、返回制动段的测控覆盖率要求最高，一般要求是100%。对其他弧段既要考虑每个测控站（船）的覆盖效率，又要考虑整个测控网中测控弧段的均匀性。

覆盖效率是指布设在不同纬度的测控站，其总的测控时间是不一样的。如对于轨道倾角90度左右的极轨卫星来讲，一个测控站布设在北极时可以每圈都观测到卫星，布设在赤道时每天只能观测卫星几圈。同样的测控覆盖率，不同的布站带来的测控空当不同。

均匀性是指尽量减少最大不可测控的时间间隔，以缩短航天器境外出现故障后地面采取措施的时间。测控网布局的主要任务就是用最少的测控资源满足航天测控要求。

飞船上天后，在海上进行测控可以提高测控覆盖率。由于飞船环绕着地球飞行，我国本土测控站已经不可能满足对飞船跟踪、测量、控制的要求，尤其当飞船位于远地点时，往往处在我国所在地球位置的另一面，除了可以建立我国国土以外的陆上测量站外，在海洋上选择最佳位置对飞船进行跟踪测量尤为重要，这便使远洋航天测量船成为我国航天测控网的海基部分。

执行“神舟”飞船飞行任务中，“远望1”号航天测量船在地球北半球的西太平洋海域执行测控任务，而其余3艘“远望”号航天测量船分别布设在太平洋、大西洋和印度洋上，位于地球的南半球。

因为“神舟”飞船太空运行的轨道面和地球赤道面之间有一个大约40度的夹角，飞船在环绕地球飞行时是在南、北纬40多度之间的上空飞行，要对飞船进行测控，就必须能够观测到飞船，如果测控点全部在北半球，南半球就相应成为盲区。而我国陆上测控站全部落在北半球，要在南半球完成对飞船的跟踪、测控任务，除了在南半球建立陆上测控站，唯一的科学选择就是让“远望1”号航天测量船在南半球的指定海域执行对飞船的跟踪测轨、

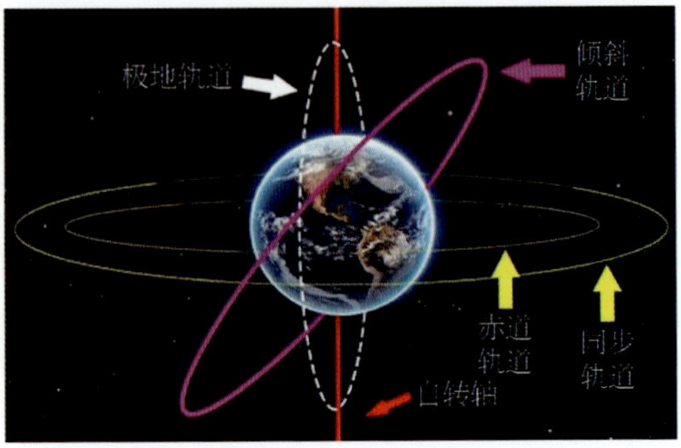

> 图130 卫星运行的各类轨道

遥测、遥控、天–地话音通信、接收飞船电视图像等测控任务。

各类航天器在飞行的不同阶段，会按照预先设计的程序通过变轨动作运行在不同的人造地球卫星轨道上。人造地球卫星轨道是人造地球卫星绕地球环行的轨道，是一条封闭的曲线，封闭曲线所形成的平面叫人造地球卫星的轨道平面。人造地球卫星轨道包括极地轨道、赤道轨道、倾斜轨道和同步轨道等。赤道轨道与同步轨道在同一平面上，轨道运行周期相同。

表2　各类人造地球卫星轨道

分类方式	轨　道　名　称
按离地面的高度分	低轨道
	中轨道
	高轨道
按形状分	圆轨道
	椭圆轨道
按飞行方向分	顺行轨道
	逆行轨道
	赤道轨道
	极地轨道
特殊轨道	地球同步轨道：卫星在顺行轨道上绕地球运行时，其运行周期（绕地球一圈的时间）与地球的自转周期相同，这种卫星轨道叫地球同步轨道
	地球静止卫星轨道：如果地球同步轨道卫星正好在地球赤道上空离地面35 786千米的轨道上绕地球运行，由于它绕地球运行的角速度与地球自转的角速度相同，从地面上看去它好像是静止的，这种卫星轨道叫地球静止卫星轨道。地球静止卫星轨道是地球同步轨道的特例，它只有一条
	太阳同步轨道：由于地球扁率（地球不是圆球形，而是在赤道部分隆起），卫星轨道平面绕地球自转轴旋转。如果卫星轨道平面绕地球自转轴的旋转方向和角速度与地球绕太阳公转的方向和平均角速度相同，则这种卫星轨道叫太阳同步轨道

近地轨道卫星的测控布局

近地轨道，顾名思义是指航天器距离地面高度较低的轨道。

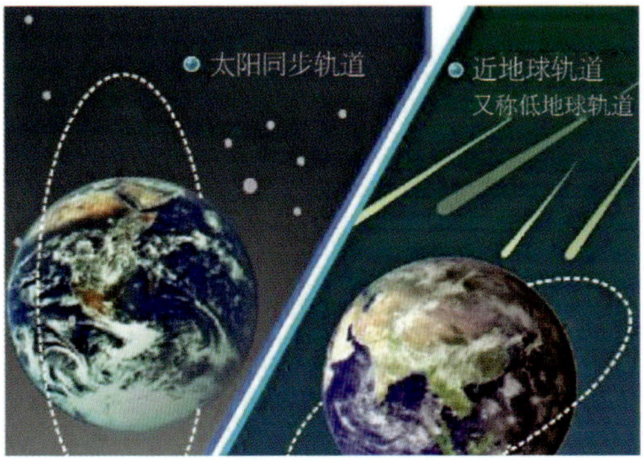

> 图131 近地轨道与太阳同步轨道

近地轨道距离地球表面相对较近，一般在200～300千米距离范围内，绕地球飞行一周的时间一般在两个半小时以内，飞行速度较快。太阳同步轨道高度较高，一般距离地球表面800千米左右。

近地航天器一般是指轨道高度在200千米以下的航天器，例如对地观测卫星、气象卫星、资源卫星、返回式卫星、载人飞船、航天飞机、空间实验室、空间站等。由于近地航天器轨道高度低，运行周期短（一般约为100分钟），航天器飞经测控站上空时的速度快，测控弧段短，一

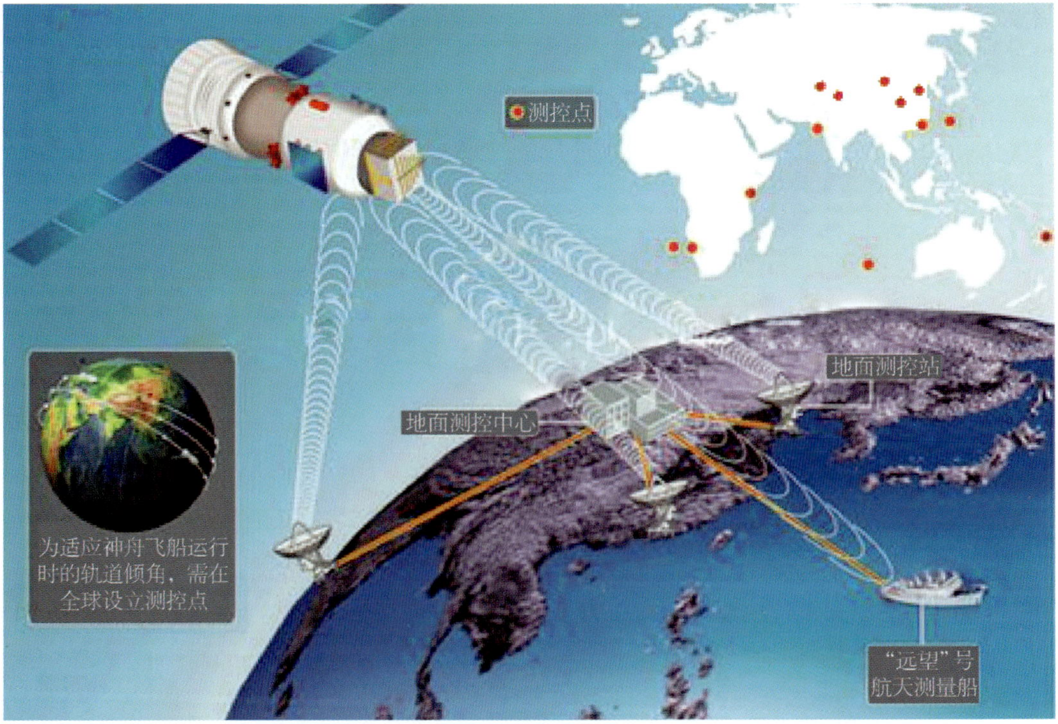

> 图132 神舟六号飞船测控点的布局示意图

次过境一般为几分钟至十几分钟，因此要求在全球布设较多的测控站才能保证测控要求。

航天器在天上飞行的时候，有的时候在陆地上看得到，有的时候在海上看得到。由于海洋面积宽广，不可能像陆地上那样布设很多点，只能是布设航天测量船，在任务需要的时候按轨道计算和预定规划航行至相关海域，对航天器进行测控。

在海上测控点的布局一般随任务的需求而展开布阵。

如在神舟六号飞船测控任务中，为了保证对飞船关键弧段和较高的测控覆盖率，分别在太平洋、印度洋和大西洋布设了3艘“远望”号航天测量船联袂进行海上测控。

图132中右上角为神舟六号飞船测控任务时的测控点布局，红色小圆点表示参与本次任务的各类测控站。

而在神舟九号载人交会对接任务中，为了延长交会对接走廊的测控弧段，更好地掌握两个飞行器最后的对接锁紧情况，并将有关数据实时送给北京航天指挥控制中心，将3艘“远望”号航天测量船均布设在太平洋海域联袂进行海上测控，3艘航天测量船承担了飞船入轨段、第一和第三次变轨段、第一和第二次交会对接段、撤离段，共计7个关键圈次、11个关键弧段的测控通信任务，呈现出测控时间长、工作弧段多、机动距离远等特点。

上升段测控

航天器要想进入太空，必须用运载器（如多级火箭）携带入轨。卫星入轨前，火箭动作多，飞行要求高，海上测控直接关系到卫星能否正常进入预定轨道。航天器装在运载火箭顶部的整流罩内，火箭从发射场垂直起飞，按预定程序转弯，一级一级地接力推进，待加速到所需轨道高度和轨道速度后，星箭分离，航天器进入轨道。

人造地球卫星由运载火箭发射入轨。从发射点到入轨点的飞行轨迹称为发射轨道。发射轨道包括垂直起飞段、程序转弯段和入轨段。垂直起飞段和程序转弯段都大同小异，但入轨段根据轨道高度的不同，有直接入轨、滑行入轨和过渡转移入轨。

低轨道卫星一般直接入轨，即火箭连续工作，当最后一级火箭发动机关机时，卫星就可进入预定轨道。

中、高轨道卫星通常滑行入轨。其发射轨道由火箭发动机工作时的主动段、发动机关机后靠惯性飞行的滑行段和发动机再次工作时的加速段组成。

从火箭发射到航天器入轨，此阶段的特点是有动力飞行，通过轨道测量和下行火箭遥测判断火箭工作是否正常。在测量时如果发现火箭飞出安全轨道，要择机发送遥控指令将火箭炸毁，以免火箭落地时殃及地面人员和物产。由于火箭上升段飞行有很大的风险，故障概率很高，所以该段的测控十分重要，其测控覆盖率一般要求100%。

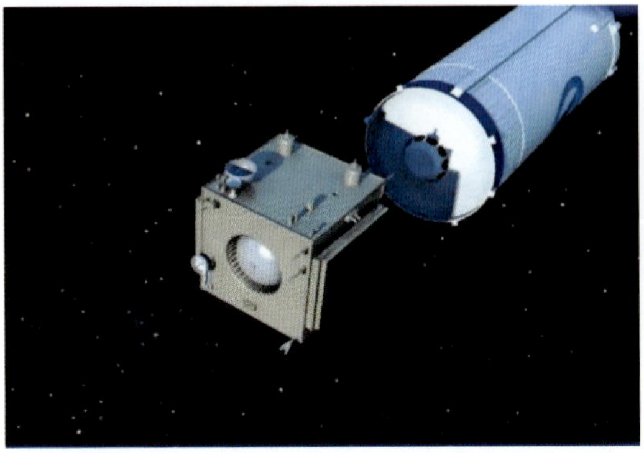

（a）助推器分离

（b）第一子级火箭分离

（c）整流罩分离

（d）第二子级火箭分离

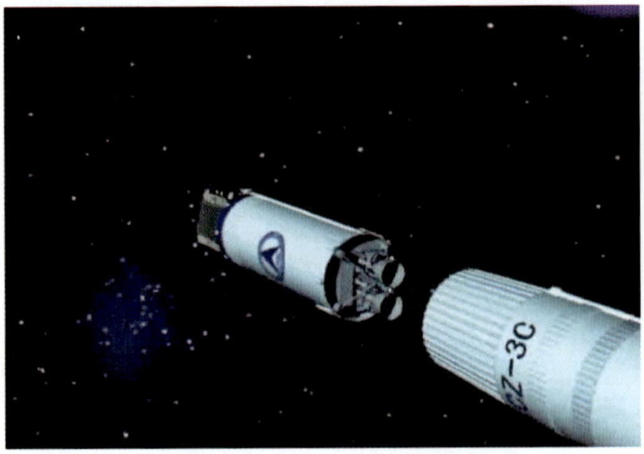

（e）二级火箭点火继续推进运行

（f）星箭分离

> 图133　火箭助推卫星分离过程示意图

> 图135　运载火箭开始脱离发射架上升

> 图134　太原卫星发射中心

小贴士

太原卫星发射中心

太原卫星发射中心是中国试验卫星、应用卫星和运载火箭发射试验基地之一。它位于山西省太原市西北的高原地区，具备了多射向、多轨道、远射程和高精度测量的能力，担负太阳同步轨道气象、资源、通信等多种型号的中、低轨道卫星和运载火箭的发射任务。发射中心始建于1967年。1968年12月18日，中国自己设计制造的第一枚中程运载火箭发射成功。1988年9月7日和1990年9月3日，该中心用“长征4”号运载火箭成功地将中国第一颗和第二颗风云一号气象卫星送入太阳同步轨道。此外，它还进行过一系列运载火箭试验。

> 图136 空中发射火箭

太阳同步轨道卫星的轨道倾角是99度左右，轨道高度是800 ～ 900千米，对应的轨道面摄动每天是0.985 65度，这恰好是地球在惯性空间中每天绕太阳的运动角度。这样，如果发射时让卫星轨道面对准太阳，发射后

20世纪80年代，美国开始使用空中发射。空中发射有两种模式：一种是飞机将星箭组合体携带至1万多米高空释放并点燃运载火箭，将卫星送入轨道，减少了发射场这个环节；另一种是航天飞机携带星箭组合体至低轨道释放，发射火箭将卫星送入预定轨道。

运行段测控

星箭分离后，测控网要对航天器初步轨道进行测量以确定其是否准确入轨，此时卫星要进行许多重要工作，如消除星箭分离对姿态的影响、建立正常工作模式、打开太阳能帆板等，因此在测控网布局时一般要安排几分钟以上的测控。

运行段是指航天器无动力正常飞行阶段。此时的测控主要是两大部分：一部分是对航天器平台的测控；一部分是对有效载荷的测控，若为载人航天时，还要与航天员交互通话。

> 图137 海上发射火箭

> 图138　天宫二号火箭发射过程示意图

卫星经过中国北京的时间是上午10点30分，则入轨后的轨道面永远对准太阳，以后卫星经过北京时一直是上午10点30分。这种极轨卫星每天共转14～15圈，再考虑其他因素，相当于相邻两圈轨迹间距约26度，运行段在国内可安排4个测控站，既可兼顾东西经度覆盖，也可兼顾南北纬度接力。由于太阳同步轨道卫星每圈都经过地球北极和南极，如在此布设测控站，则利用率最高，例如挪威等国在北极设有测控站。

> 图139　太阳能帆板展开

小贴士

摄　动

一个天体绕另一个天体沿轨道运行时，由于受到天体形状、重力不均匀、其他天体的吸引（如日、月引力）或其他因素的影响，天体的运动会偏离原来的轨道，这种偏离的现象称为摄动。

返回段测控

返回式卫星、载人飞船在完成任务后要返回地面，为降低再入返回轨道时的气动加热，需要进行离轨制动，以降低飞行速度和方向，使之进入返回轨道，最终降落到地面。

地球同步轨道卫星测控布局

不同于发射低轨卫星，地球同步轨道卫星的发射要比低轨道卫星难得多：一是需要大推力运载火箭；二是需要卫星有变轨机动能力；三是卫星的发射过程比较复杂，需要有很强的对卫星实时测控的能力。

地球同步轨道卫星定点时的地理经度是预先选定的，一般用三级运载火箭发射并由装在卫星上的远地点发动机完成轨道变换过程。

地球同步轨道卫星定点以前的发射一

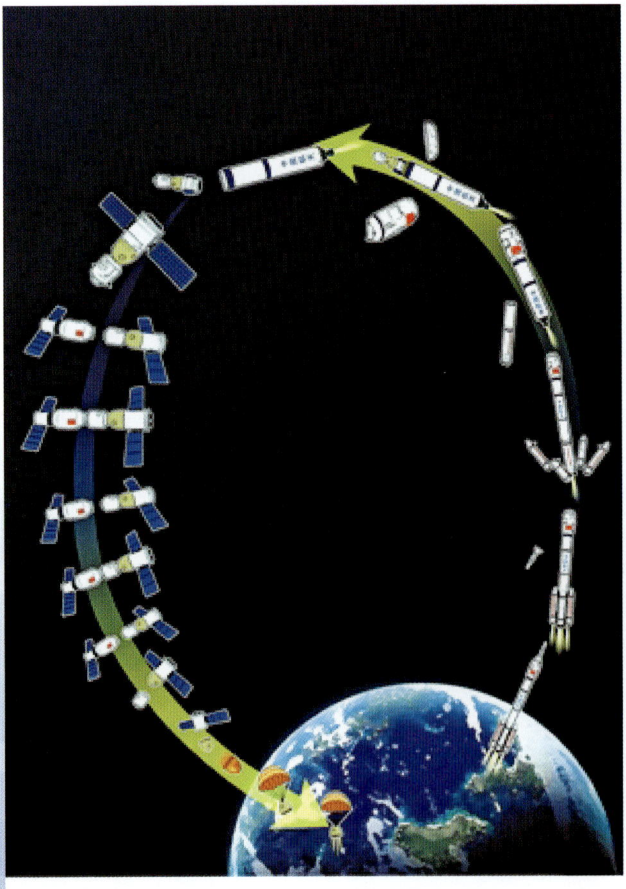

> 图140　卫星从发射至返回段全过程示意图

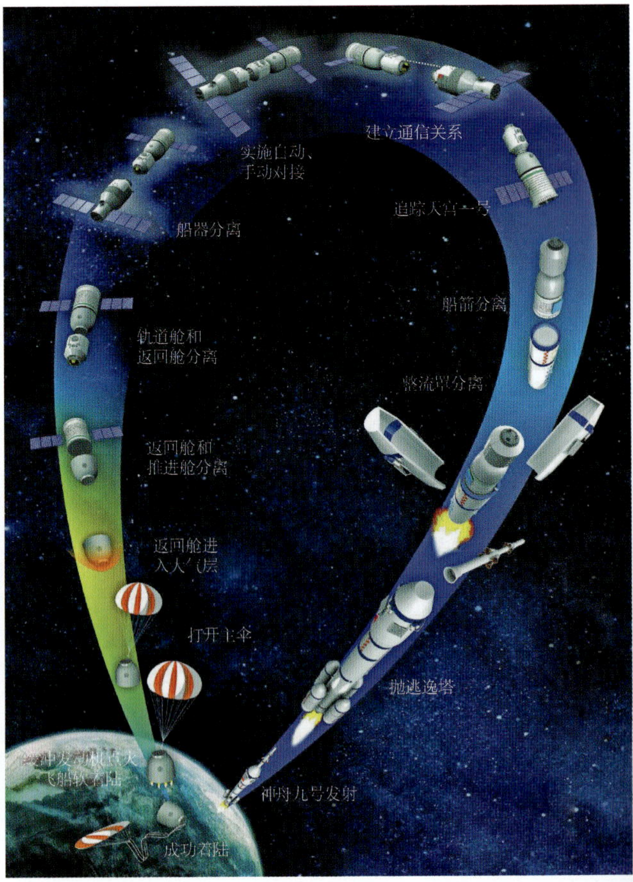

> 图141　载人交会任务对接全过程

> 图142　地球同步轨道卫星发射瞬间

般有三个阶段。

第一阶段：使用一级和二级运载火箭将三级火箭和卫星的组合体送入距离地球表面200～400千米的近地轨道（停泊轨道）。该轨道是一条临时轨道，为下一步转移轨道做好准备。发射过程与发射低轨道航天器相同。

由于受航天器发射场所在地理纬度的限制，停泊轨道的倾角一般都不是0度。理想状态的地球同步轨道倾角是0度，但位于赤道上的国家很少，能在赤道上建设卫星发射场的就少之又少。现实中的发射场往往都不在赤道上。发射场的纬度越低，运载火箭需要飞行的距离就越短，也就越有利于节省火箭燃料和提高火箭运载能力，最理想的发射地点是赤道。对中国而言，低纬度区域可选地点是海南岛和我国西南部，正因为这个原因，我国在海南岛建设了文昌发射场。

第二阶段：卫星在停泊轨道上飞经赤道上空时实施第三级火箭点火，使卫星沿飞行方向加速，熄火后卫星与三级火箭脱离，进入大椭圆轨道（转移轨道或过渡轨道）。这个轨道的近地点高度与入轨点相同，约200千米，远地点高度为35 800千米，而且都位于赤道上空。

转移轨道和停泊轨道在同一平面内。设置转移轨道的目的是使卫星能以最少的能量消耗转移到静止轨道。卫星进入转移轨道时，一般须靠自旋以保持一定的姿态。卫星在转移轨道上运行时，由航天测控站精确测量卫星的轨道和姿态，发送遥控指令将卫星的姿态调整到远地点发动机点火所要求的姿态并确定远地点发动机点火时刻。

第三阶段：当卫星运行到转移轨道的远地点时，航天测控站发出遥控指令，使卫星上的远地点发动机点火启动，向卫星施加具有特定方向和大小的推力，用于改变卫星飞行的方向和速度，从而使卫星运行的轨道平面转移到赤道同步轨道平面内，同时使卫星的合成速度接近于静止轨道速度（约3.07千米/秒）。

远地点发动机熄火后，由于转移轨道的测量误差、运载火箭的控制误差、点火姿态和时刻误差以及远地点发动机推力偏差等的影响，卫星所在位置与所要求的定点位置一般并不一致，卫星的轨道也不可能恰好达到同步静止轨道，而是进入与同步静止轨道差别很小的准同步轨道（漂移轨道）。

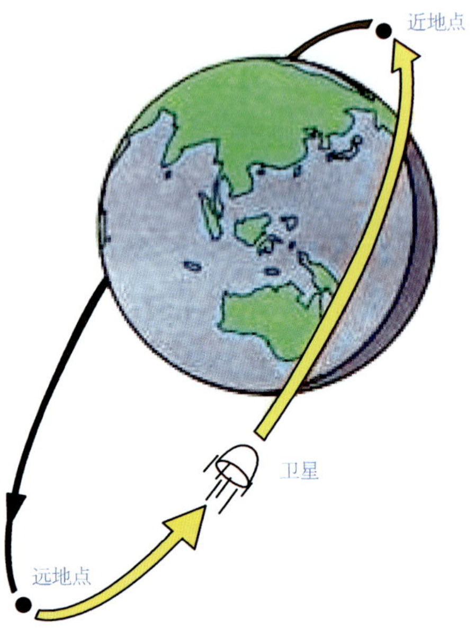

> 图143　近地点与远地点

卫星发射后，航天测控站不断进行跟踪测量和控制，以保证卫星达到预期的点火状态并在准确的时刻点火。由于入轨点（近地点）在远离大陆的太平洋上空，超出了陆基测控站的观测范围，所以卫星入轨点前后的测控就由两艘测量船来完成。因此，上升段可在发射场附近、我国南宁、厦门布设测控站，在陆地至卫星入轨点之间的大海上相应区域预先布设一条测量船，在卫星入轨点（也就是近地点）下面相应海域布设第二条船，用于完成对应的测控。

转移轨道段测控的主要任务是调整卫星远地点发动机的点火姿态，选择最佳点火时间，控制变轨，使卫星进入准同步轨道。远地点发动机点火是地球同步轨道卫

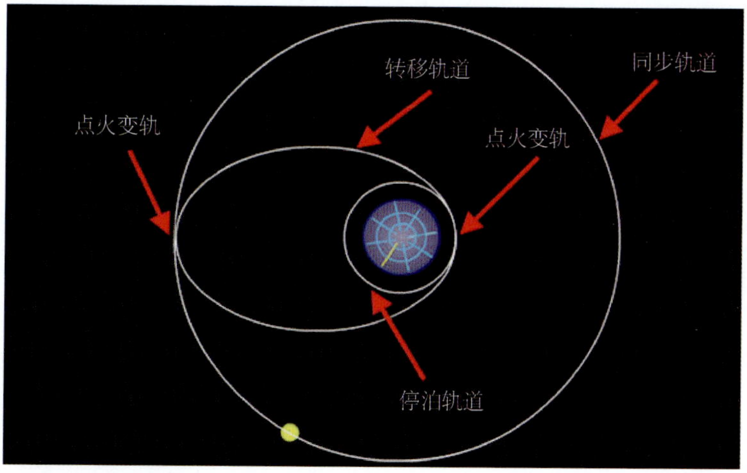

> 图144 同步卫星发射过程变轨平面示意图

星发射的关键环节。

由于远地点在赤道附近上空（例如东方红2号卫星在东经144度左右），恰好处在我国陆上测控站的观测范围内，因此理论上讲我国陆地测控网中的一个测控站也就可完成其测控任务，即渭南站或厦门站均可独立完成远地点发动机点火控制、起旋监视与加旋控制、卫星定位保持与姿态保持。

进入准地球同步轨道后，卫星向定点位置慢慢漂移，这时利用卫星上携带的小发动机逐步修正卫星轨道，使其逼近地球同步轨道，最终停止漂移，准确定点，这一轨道微调过程称为轨道控制，一般需几天或十几天。由于这段时间的测控弧段及运行段的测控弧段均在祖国上空，所以由渭南站和厦门站两个陆地测控站即可完成测控任务。

早期测控阶段，从任务可靠角度讲，一般安排两个陆地测控站，互为备份。轨道控制过程由航天测控站按计划遥控进行：调整卫星姿态和转速使其符合控制要求；精确地测定轨道以确定调整量的大

近地点与远地点

根据天文物理学和数学原理，航天器在绕地球运行时的轨道是一个椭圆。地球位于椭圆两个焦点位置中的一个，以椭圆的两个焦点为横轴画一条直线，其与卫星轨道产生两个交点，其中距离地球最近的称为近地点，距离地球最远的称为远地点。

通常运行到近地点时，航天器的势能最小，动能最大，角速度也最快；运行到远地点时，航天器的势能最大，动能最小，角速度也相对最小。

小；最后在卫星到达定点位置之前，再作一次小的轨道调整，使其停止漂移、准确定点。根据测控站精确的跟踪测量数据可以判定卫星是否已经定点。卫星进入定点运行后，可分时交替值班。

从以上过程不难看出，对于地球同步轨道卫星实施测控难度较大，尤其在轨道转移时需要遥控火箭第三级发动机或星载发动机多次点火工作来实现，如果有一次出现失误，都将导致整个发射过程的失败。

就我国目前发射本国地球同步轨道卫星而言，通常采用火箭三级发动机配合星载发动机实现轨道转移和定点，这也就是为什么我们通常采用三级的长征三号系列火箭的原因。

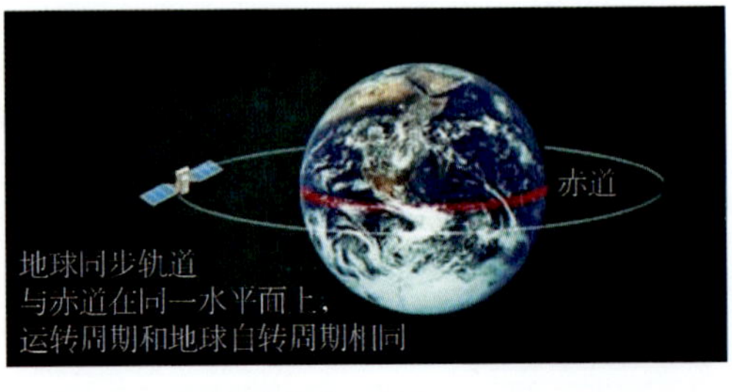

> 图145　地球同步轨道示意图

YUANWANG

第3章

航天强国的保证

——中国海上测控“王牌军”

在美丽的上海黄浦江畔，游人们纷纷在一艘屹立在滨江道旁的大船下驻足留影，船头上毛主席题写的“远望”二字苍劲有力。华灯初上，如一颗明珠闪烁在黄浦滨江，俨然成为都市的新地标，彰显着它不俗的身份。这就是在中国航天史上具有里程碑意义的第一艘航天测量船——“远望1”号。

第一艘“远望”号航天测量船的诞生

1980年5月18日，中国首次由本土向南纬7度0分、东经171度33分为中心，半径70海里的圆形海域（南太平洋斐济西北700千米），成功地进行了远程运载火箭飞行试验。

这次飞行试验，是在中国国内多次各种飞行试验成功的基础上进行的综合检验武器系统技术性能的大型试验。它标志着中国的远程火箭已经达到新的水平，对于加速中国现代化建设具有重要的战略意义。

导弹飞越陆地，飞越海洋，落入9 000多千米外的设计命中点，误差仅用米来衡量。在这个过程中，“远望”号航天测量船成功完成引导、跟踪、测量任务，为成功打捞数据舱提供重要的数据信息。从此“远望”号航天测量船风靡海内外。成功的喜悦令人欢欣鼓舞，成功来之不易，让我们重温一下“远望”号航天测量船的诞生之路。

“远望”缘起，中国神秘的“718”工程

“718”工程是我国一个洲际弹道导弹（简称“洲际导弹”）研制与全程飞行试验任务的总代号，是年轻的人民共和国整合全国力量从陆地跨向大洋而完成的一项宏大的国防科技试验工程。

1970年，国务院、中央军委成立了“718”工程领导小组，工作目标就是为洲际导弹试验提供保障，并设立了“718”工程办公室。“718”工程包括建造“远望”号航天测量船、“向阳红10”号远洋调查船、远洋打捞救生船、大型油水补给舰、远洋拖船、“051”型导弹驱逐舰等。

这个洲际导弹就是后来闻名世界、令敌人闻风丧胆的东风-5，也就是“两弹一星”中的“一弹”。

> 图146　东风–5洲际导弹

1965年8月，中南海怀仁堂，周恩来总理主持召开中央专门委员会会议。会上，国防科委副主任、著名科学家钱学森作重要发言，提出国家必须重点发展洲际导弹和建立中国海上编组测量船队的初步设想。这个设想的目标，就是要研制具有远程攻击能力的洲际弹道导弹，并且这个洲际导弹还要到大洋里去试射，所以首先要建设中国的海上测量船队及其技术支持系统。

周恩来总理听取钱学森的建议后，心情十分激动。他认为中国要争取到真正的和平，不被动挨打，不仅应该有原子弹、氢弹，还必须要有洲际导弹。会议结束时，他把钱学森这个设想责成国防科委会同钱学森等科学家提出具体的项目设计。中国就是从这次会议开始，迈开了向太空、向大洋进军的步伐!

但是，发展洲际弹道导弹需要研制能够将核武器弹头准确地“运载”到打击目标的大推力运载火箭。同时，要使洲际导弹有实战的性能和准确的命中率，必须进行洲际导弹的全程飞行试验。而进行洲际导弹的全程飞行试验最基本的条件就是组建一支远洋编组调查测量船队和护航舰艇编队，到公海上去调查、测量导弹运行的各种数据和打捞数据舱。对于当时中国所拥有的科技能力来说，完成这项工程难度极大。

20世纪60年代，中国已拥有了原子弹、氢弹，震惊中外。然而，毛泽东、周恩来等老一辈党和国家领导人却忧心忡

小贴士

洲际导弹

洲际导弹是一种无人驾驶的无翼飞行器。它的运动特点是沿着一定的空间轨迹（即弹道）飞行，通过制导系统攻击固定的目标。根据射程远近，弹道导弹可以分为近程、中程、远程和洲际四种。洲际导弹的射程一般在8 000千米以上。

(a) 东风-1弹道导弹

(b) 东风-2弹道导弹

(c) 东风-3弹道导弹

(d) 东风-4弹道导弹

> 图147 弹道导弹

> 图148　我国第一颗原子弹、氢弹爆炸成功相关报道

忡，因为我们没有自己的洲际导弹，就好像士兵有了子弹而没有枪，无法形成反击敌人的实战能力。

随着东风–4大推力运载火箭试验成功，由运载火箭与原子弹或氢弹组成、具有远程威慑力的东风–5洲际导弹的地面分系统试验，在钱学森、任新民等科学家的攻关下也紧锣密鼓地进行。

1967年7月，国防科委按照周总理的指示做出了发展洲际导弹和建立海上编组测量船队的计划，邀请总参谋部、海军、中国科学院以及有关工业部门和有关研究机构，对这项工作进一步作了研究论证，提出了建造编组远洋测量船舶的研制计划。7月18日，这份计划上报到中央军委和毛主席、周总理手中。

自此，“远望”号航天测量船开始孕育。

中国东风–5洲际导弹的全程飞行试验为什么要选择大洋呢

科学家们认为：战略导弹的试验非常复杂。从试验程序上分，第一步要进行元器件地面试验，第二步进行飞行试验。在飞行过程中的试验，一般又分为部分射程飞行试验和全程飞行试验。部分射程飞行试验主要对导弹各分系统进行试验鉴定，如发动机、制导系统、弹体结构和气动外形，并考核单项技术，如级间分离、头体

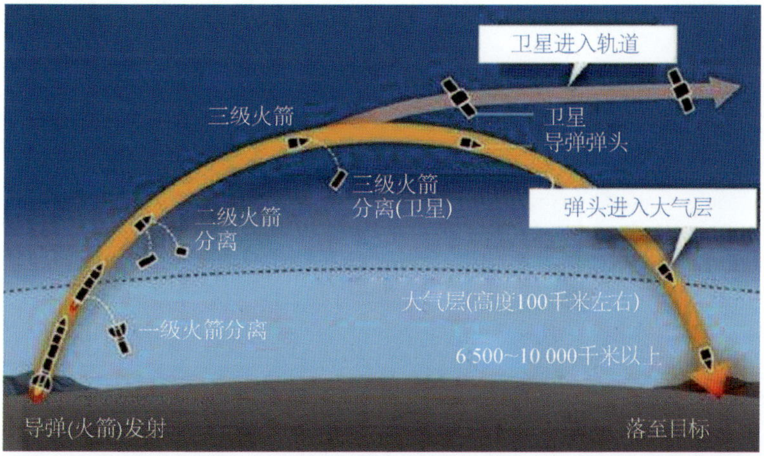

> 图149　洲际导弹/卫星的飞行示意图

分离、程序控制、高空点火等。

而全程飞行试验是在完成大量的部分射程飞行试验的基础上进行的，它不仅要对各个分系统进行各种技术考核和试验，而且要考验全系统，要求有足够的空间距离来完成这些考核和试验，同时也是洲际导弹定型并使其拥有威慑力的一个重要条件和基本标志，是整个导弹飞行试验的最高潮。

洲际导弹的试验距离达到10 000千米，这个跨距在任何国家的陆域都无法实现。当时世界上拥有洲际导弹的美国和苏联，也没有这么大跨度的陆域，而是把试验的一端放在海洋上。

美国于20世纪50年代初就开始了战略导弹的靶场建设，共建设了东、西两个海上靶场。东靶场在大西洋，西靶场在太平洋。

苏联于20世纪50年代在太平洋公海上也建立了两个洲际导弹全程飞行试验的大洋靶场。中国没有陆域条件，在境外没有控制的岛屿和陆地，因此中国的洲际导弹靶场必须设在远海大洋，别无选择。

> 图150 美国白沙导弹靶场

我国主要的运载火箭发射场在甘肃的酒泉和四川的西昌，以钱学森为首的科学家以这两个点为圆心，在世界地图上画半径超过10 000千米的大圆时，大圆所经过的大洋是北冰洋、太平洋和印度洋。而北冰洋的寒冷气候和浮冰海域不适合作为试验靶场。从纯地理因素上分析，中国洲际导弹全程飞行试验落区只能选择是太平洋和印度洋。

洲际导弹的大洋试验给跟踪测量、站位的布局、远洋通信指挥，特别是落区的地球物理测量和水文气象调查带来了一系列的政治、经济和技术问题。它一点儿也没有在陆地上做这些事情直观、方便和节省。即使美国和苏联进行洲际导弹全程飞行试验时，也投入了大量的人力、物力，并进行了长时间的建设准备。

中国受当时的经济技术水平所限，必须比美国和苏联花更大的人力、物力，冒更大的政治和军事风险。除了做洲际导弹落区本身的技术建设外，还必须与沿途和导弹落区周边国家建立外交关系，有必需的境外港口可供远航船舶燃料、生活物资的补给和安全应急救援，还要有海上武装警戒的准备。一个方圆几百平方千米的小小的洋面靶场，在小比例尺的海图上只是一个铅笔头那样大的点，但对于当年的中国来说，就需要举全国之力，需要按一个国防系统大工程来规划。

“718工程”是在20世纪60—70年代，我国若干个富有创造力的国防尖端工程中，唯一一个由大陆跨向远海大洋的工程计划。

中国人能设计出航天测量船吗

航天测量船比在陆地建造的测控站要复杂得多，工程庞大得多。当时，部分人由于对船舶设计缺乏认识，提出“航天测量船=货船+测量设备”的想法。这显然是简单的几何堆叠想法，是不懂船舶设计的“外行话”。

在20世纪60—70年代的中国，想独

> 图151　把一个微型发射基地全部搬到一艘不到4 000平方米的船上

立自主、自力更生地研制航天测量船，谈何容易！航天测量船上需要装备高、精、尖的测控、通信、气象等设备，相当于把一个微型发射基地几十平方千米陆地上布置的测控、通信、气象设备全部搬到一艘不到4 000平方米的船上，不但要解决电子设备仪器间的电磁兼容问题，而且要解决陆上设备“旱鸭子”下水的问题，设计难度被喻为“针尖上跳舞”。

同时，航天测量船不仅在国内没有先例和参考，当时世界上仅少数几个国家拥有，且对外严格保密。通过各种渠道，仅找到几张外观照片，文字资料更是寥寥无几，并且当时西方发达国家对我国采取经济、技术全面封锁，国外的先进技术、设备无法引进，用于国防的高新技术、高新设备更不肯卖给我们。我们只能依靠自己的能力研制航天测量船。

> 图152　许学彦院士

在那个艰难的历史时刻，航天测量船的设计重任落到了七〇八所（中国船舶及海洋工程设计研究院）。年仅42岁的船舶设计师许学彦带领团队在很短时间内完成了航天测量船的主要参数与总体性能设计。

首先，许学彦通过调研走访、讨论研究，并对为数不多的资料反复琢磨，他头脑中逐渐清晰呈现出航天测量船的轮廓，准确抓住了航天测量船的本质和特征。

航天测量船有自己独有的特征：

第一，它不同于远洋运输船。远洋运输船追求的是经济效益的最大化，时间性强，只要船舶安全，对风浪致船舶摇摆等的影响没有很高的要求。而航天测量船的使命是完成海上测控任务，因此测控设备在出航前必须经过严格调试，以确保设备都处于最佳技术状态，但大风浪中船舶摇摆、振动、变形却会引起测控设备误差的变大或引起接口插件的故障，所以除考虑船舶的安全外，还要特别考虑在船舶纵摇、横摇、升沉、振动的情况下，测控系统对航天飞行器的及时捕获、稳定跟踪、精确测量和测控设备的安全。

> 图153 远洋运输船（集装箱船）

第二，它不同于邮轮。邮轮到达的都是重要港口，有国际推荐航线可供使用。而航天测量船的测量海域远离国际推荐航线，没有现成路线可走，经常要对全新海域进行调查。面对全新的航线和全新的海域，确保船舶安全必须获取相关海域全部准确的温度、湿度、洋流、浪涌及电磁环境等全要素数据。

> 图154 邮轮

小贴士

许学彦院士

许学彦，船舶设计专家，中国科学院院士，中国船舶工业集团公司第七〇八研究所前总工程师。1924年5月11日生于江苏武进，1948年毕业于上海交通大学。他参与主持设计了我国第一艘万吨级远洋货船“东风号”，性能指标达到当时国际先进水平；主持设计了小型高速护卫艇和国家重点“718工程”中的主要船舶“远望”号航天测量船；主管设计了我国第一批万吨级出口船。1978年9月，许学彦荣获全国科学大会“科学技术先进工作者”。1978年12月，荣获年度国防科技先进工作者称号。1980年，荣获“国务院国防工业系统科技先进工作者”称号。1985年，“远望”号航天测量船荣获“国家科技进步特等奖”。1991年7月，获国务院“政府特殊津贴”。1993年10月，当选为中国科学院学部委员。1995年1月，获“何梁何利基金1994年度科学与技术进步奖”。

第三，它不同于极地海洋科考船。极地科考船虽然航行海区恶劣，但可以通过出航时机、航线的选择避开或一次性穿越恶劣海区。而航天测量船航行海区是由航天测控任务决定的，且大部分处于中纬度地区，在海区作业时间短则一周，长则半个月以上，由于远离国际航线，一旦遭遇恶劣海况，只能自己克服，几乎不会有任何外来救援。

第四，它不同于常规的海上作业平台。海上作业平台一般位于沿海浅水区、航线近。而航天测量船航程远，途经复杂，敏感海区多，航行难度大。一次出海执行任务的时间有时长达百天以上，对后勤补给和人员心理素质的要求也更高。

航天测量船设计过程充满艰辛。为保密安全考虑，设计团队的工作地点选择在上海郊区，租用12栋独立的三层民房，宿舍还是毛坯房。工作人员夏抗高温、冬战严寒，工作条件十分艰苦。特别是研究设备简陋，计算数据靠计算尺和手摇计算器来完成，现在几分钟的事当时要干几十天。在这种艰苦简陋的环境中，没有人计较，更没有人叫苦。相反，不论是部队，还是地方来的同志，大家团结一致，一心一意干事业，珍惜能参加如此重要的国家重点工程研究，珍惜在“文革”的混乱时期还有这么一个宝贵的地方可以安心工作，为国防建设做贡献。

为了更好地完成设计任务，设计团队加强交流学习。参加研究设计的科技人员来自各单位，刚开始时搞船的科技人员不

> 图155 极地海洋科考船“雪龙”号

> 图156　海洋石油钻井/生产平台

了解洲际导弹试验的特点，搞导弹的科技人员以前一直在沙漠和山区搞试验，对海上情况和船舶的特点不熟悉。船的总体设计单位为导弹基地举办海洋船舶设计特点与船舶耐波性等讲座，介绍了惯性导航的工作原理及在茫茫大海中船舶如何自主定位；导弹基地为船总体设计单位举办洲际导弹试验特点及特种雷达特性的讲座；减摇鳍设备单位介绍了减摇鳍工作原理与研制情况，各参与单位都为“718”工程贡献力量。大家互相学习，知识面得到拓展，对航天测量船有了更多的认识，为完成研制任务增强了信心，奠定了基础。

攻克难关不仅需要有勇气和热情，更要有对事业的忠诚和科研实力。为了完成“718”工程这个国家重点工程，许多同志放弃休息，经常工作到深夜，一心一意地扑在工作上。为了选择适当的设备，他们跑遍了除西藏、新疆、青海、宁夏和台湾以外的中国各个地区，前后出差1 000人次以上。大家怀着一个共同心愿，为强我国威，一定要把“718”工程中的各型舰船搞出来。

> 图157 许学彦院士在“远望”号航天测量船上接受中央电视台采访

“远望”号航天测量船设计团队通过半年时间的努力奋战，完成了测量船主要参数与总体性能最佳设计，拿出了初步论证报告。对测量船总布置方案、球鼻艏与快速性的试验、舰船抗12级风稳性计算方法、测量船适航性估算与试验、测量船回转装置首侧推与主动舵联合转向装置、减摇装置防摇鳍、主动式减摇水舱和深水定位锚、打捞快艇和打捞数据舱、充放气球的安全性、测量船总振动计算方法、船体建造公差与校准平台精度、主动力装置和主发电机组、主机与电站控制系统的选型和论证、大型空调及大型冷库与臭氧防腐、测量船导航系统、通信系统、电磁兼容性等30多个专题开展了研究论证。这些研究成果，构成了航天测量船的设计框架，建立了设计原则，为各方面技术指标的深化论证打下了基础，对质疑中国人自主设计航天测量船能力的人给予了有力的回击。

“远望”之名的由来

“远望”船名的由来，本身就是一个寓意深远的典故。1970年12月25日，在人民大会堂，周恩来总理主持的中央专委会议上研究该船的船名问题。在汇报中，大家请周总理给本船起个名字，周总理郑重地指出，中央有文件规定，不许用中央领导名字命名，也不要太空洞。总之，船

名由领导小组研究决定，不能多用政治口号。后来领导小组研究起名，一艘叫“北海”号，另一艘叫“东海”号；接船部队提议用“太平洋”号和“大西洋”号，以体现航海家郑和下西洋的伟大胸怀；时任国防科委副主任钱学森提出用毛主席的诗词中语句起名“五洋”号和“九天”号，以表明中华民族可上九天揽月——测控导弹卫星、飞船，可下五洋捉鳖——跟踪海底潜艇、发射潜地导弹等。国防科委副主任聂力提出用毛主席手书的叶剑英元帅的诗词名字“远望”来定名，表明站得高、看得远，高瞻远瞩，放眼未来。最终，“远望”二字因寓意深远而被采用。

横空出世，“远望”诞生

40多年前，当中国航天将目光投向辽阔海洋时，一项光荣使命就落在了“远望人”肩上。今天，当中国航天越来越接近世界航天舞台中央的时候，我们细细品读那些“远望”号航天测量船研制与完成多次测控任务过程中各个阶段的“远望人”，就能读懂一种在惊涛骇浪中铸就和坚守的精神，就能读懂中国航天走向世界不可阻挡的步伐。

20世纪60年代，我国决定发展远程运载火箭和地球同步卫星。它们的飞行全程达数千万千米，仅靠我国本土测控网已不能满足飞行试验要求，必须建立以船为平台的海上移动测控网。这样，航天测量船就应运而生了。祖国把一份光荣的责任使命交给了“远望人”，同时也把艰苦创业的精神赋予了“远望人”。

在中央的统一组织和领导下，国家计划委员会、财政部等35个部委和上海、北京等24个省区市以及军队等领导机关，以及实际从事工程研制的工厂、研究所、院校、基地等共1 180多个单位采取大协作方式，各单位抽调各个专业、各业务方面

小贴士

《七律·远望》

《七律·远望》是伟大的无产阶级革命家、军事家叶剑英元帅在1964年秋写下的诗作，原诗名“望远”。该诗表达了诗人有感于当时国际形势的动荡，对当时在全球推行霸权主义的蔑视与嘲讽，以及对当时第三世界国家人民的民族解放运动的高度赞赏，表现出了诗人进行社会主义革命和建设的高度信心和恢宏气度。这首诗由董必武辗转传到北京，发表在1965年10月16日《光明日报》上，毛主席看后十分欣赏，熟记在心。1965年底，毛岸青和夫人邵华去看望他，毛泽东便当场一字不错地默写，还特意将原诗名“望远”改名为“远望”。

七律·远望

忧患元元忆逝翁，红旗缥缈没遥空。
昏鸦三匝迷枯树，回雁兼程溯旧踪。
赤道雕弓能射虎，椰林匕首敢屠龙。
景升父子皆豚犬，旋转还凭革命功。

的精兵强将组成工作组，负责该船研制任务的具体实施。为了祖国的航天远洋测控事业，为了尽早研制出属于我们国家的航天测量船，几十万人凝聚在一起，大力协同，密切合作，心往一处想、劲往一处使，努力形成“一条心，一股劲，一盘棋”的强大合力。

“祖国高于一切”，对于“远望人”绝不是一句空话，它包含着个人利益的舍弃，甚至生与死的抉择等许多实在而具体的内容。“远望人”就这样把自己的命运和祖国紧紧地连在了一起，一代又一代人前仆后继地把人生的坐标放在了航天测量船研制事业上。在这个特殊的群体中，许多人没有留下姓名，但却留下了精诚团结的佳话，值得“远望人”永远珍藏、回忆。这种团结和谐、同舟共济的大局观念，正是“远望人”凝心聚力、创造伟业的重要法宝。

经过13年的努力，突破了一个又一个技术难关，取得了一个又一个科研成果，终于在1979年12月胜利完成了“远望”号航天测量船的研制任务。我国第一代两艘两万吨级的远洋测量船在黄浦江畔诞生，毛主席书写的“远望”二字醒目地镶嵌在船艏。从此，中国拥有了远洋航天测量船。

“远望1”号、“远望2”号航天测量

> 图158 “远望1”号航天测量船

（“远望1”号航天测量船于1977年8月31日在江南造船厂建成下水，是我国建造的第一代远洋航天测量船）

> 图159 “远望2”号航天测量船
（“远望2”号航天测量船是我国建造的第一代远洋航天测量船中的第二艘）

船是我国自行研制的第一代综合性海上活动跟踪测量船。它具有雷达、光学外弹道测量，微波、超短波综合遥测，双频测速定轨测量，定时数据处理、参数显示，船位姿态测量，远距离通信、数传、时间统一，高空气象探测、天气预测预报等多种功能。技术体制及其装备与性能较先进。它是一项复杂的系统工程，汇集了我国自然科学和技术科学多方面的新成就，也代表了我国20世纪70年代造船、电子工业的技术水平。

“远望”号航天测量船研制成功，为我国建立了第一支远洋测量船队，把测控通信网从陆上延伸到海上，扩大了战略核武器和航天技术的试验范围，不仅完成了洲际导弹、潜地导弹、通信卫星的试验任务，也为今后航天技术的发展、建立天地间返回系统和空间站等试验工作开辟了道路、奠定了基础，同时还促进了造船工业、电子工业和海军装备的发展。

> 图160 “远望2”号航天测量船下水场景

"远望3"号

载誉"中国十大名船"之一

20世纪70年代，我国自行试制成功的"远望1"号、"远望2"号两艘航天测量船相继投入使用。随着我国航天事业的发展，1989年后因载人航天器试验的测控通信任务需要，仅靠两艘航天测量船是无法建立全球性的海上测控网，同时考虑

> 图161 "远望3"号航天测量船

到测量船的使用寿命和必要维修期，必须规划增设测控通信网络基站。经过充分论证、多方案比较，确定新建“远望3”号航天测量船。

“远望3”号航天测量船于1993年4月开工建造，1994年4月下水，1995年3月交船，是我国建造的第二代远洋航天测量船。

“远望3”号航天测量船在设计过程中，充分吸取了“远望1”号、“远望2”号的成功经验，弥补了因受历史条件限制所造成的不足之处。

> 图162 “远望3”号航天测量船下水仪式

一是测控舱布局更趋合理。设计中充分考虑船舶系统、测控系统间布局及系统本身舱室布局的合理性，力求做到馈线短、损耗少、工作方便等。

二是适航性更佳。设计中不仅特别考虑船舶纵摇、横摇、升沉、振动对测控设备安全的影响，还将船舶的适航性放在第一位。服役后，该船多次赴南非附近大西洋海域执行任务，途经好望角风浪区，优良的适航性能经受住了重重考验。

三是抗振性能更优。抗振性是船舶的一项重要的性能，对一般船而言，抗振性

> 图163 “远望3”号航天测量船出航

能的好坏主要与人员的舒适性密切相关，而对于航天测量船而言，它将有可能引起测控天线抓捕跟踪目标的丢失，从而引起执行任务的失败，其后果不堪设想。“远望3”号航天测量船严格遵循规范要求并进行可靠性设计，使船体的刚度和可靠性得到优化提升，较好地解决了振动问题。

“远望3”号航天测量船的使用使我国航天测控网海上测控网点的布局更趋向合理，我国的海上测控可以在太平洋、印度洋、大西洋同时开展，大大增强了我国的海上测控能力，助力我国的航天工业积极拓展国际市场，对我国乃至全世界都产生了重要的影响。

截至2019年初，“远望3”号航天测量船航迹已遍布太平洋、印度洋和大西洋，圆满完成了60多次海上测控任务。在执行震惊世界的神舟五号海上测控任务中，当飞船即将结束飞行的一刻，事关平安返回的两次关键性调姿遥控指令就是由游弋在大西洋上的“远望3”号航天测量船实施的。由于“远望3”号航天测量船多次为我国海上测控作出杰出贡献，2013年荣获国家科学技术进步奖，被评为“中国十大名船”之一。

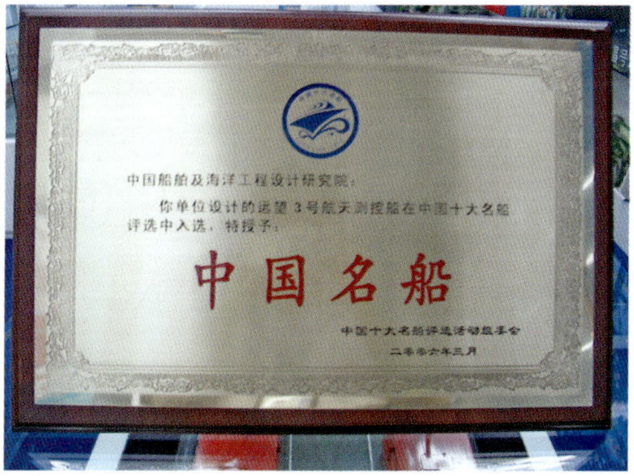

> 图165 “远望3”号航天测量船入选“中国十大名船”

> 图164 停泊在内河的“远望3”号航天测量船

远征大洋20多年之后，“远望3”号航天测量船的设备日趋老化，故障问题开始增多。为了保证其能够为祖国的航天事业作出更大的贡献，该船于2016年7月—2017年5月进行了第二次中修技术改造。主要从船体结构改进、生活设施完善、动力系统关键设备换型等多方面进行，改造之后整只船舶焕然一新，为下个十年继续执行国家的航天任务奠定了坚实的基础。

"远望4"号

助力祖国载人航天工程

20世纪90年代，我国航天事业快速发展，载人航天器的发射被提上日程。为了组建完整的海上航天测控网，弥补仅有"远望1"号、"远望2"号航天测量船的不足，同时提高海上测量精度、保持必需的在航率，对后续航天测量船的需求日益急迫，但"远望4"号航天测量船由于建造周期和经费等原因停建。

> 图166　安装在"远望4"号航天测量船艏部的遥测天线

> 图167 改装完成的“远望4”号航天测量船

直至90年代后期，由于神舟飞船载人航天工程需要在印度洋设置一个测量站，已有的“远望1～3”号航天测量船无暇分身，故而“远望4”号航天测量船的筹建再次被提上日程。1998年，上级决定把即将退出海洋调查系列的“向阳红10”号船改装为遥测通信船，船名为“远望4”号。

2000年，“远望4”号航天测量船以全新的面貌加入了神舟飞船测控网络，从此，我国的海上测量船队初具规模，并开始具备在全球南北纬60度之间海域多点同时布控的能力。

服役后，“远望4”号航天测量船曾先后6次坚守在印度洋站点，接收来自太空飞船的遥测信息，传输给海上其他测量船和陆基站，为我国“神舟1～6”号试验成功作出了突出贡献。

"远望"传承

"飞天梦"的系列后续船

我国第三代航天测量船——"远望5"号和"远望6"号航天测量船被誉为"海上科学城"的新成员，与老一代测量船相比，它们不仅在总体造型、居住性能、防污染等方面表现优异，而且在测控系统能力方面攻克了大偏心率轨道定轨、地月转移和环月轨道预报等关键技术，实现了从地球轨道测控到月球轨道测控的跨

> 图168 停靠在上海黄浦江边的"远望5"号航天测量船

> 图169　2007年10月18日，“远望5”号航天测量船交付离厂

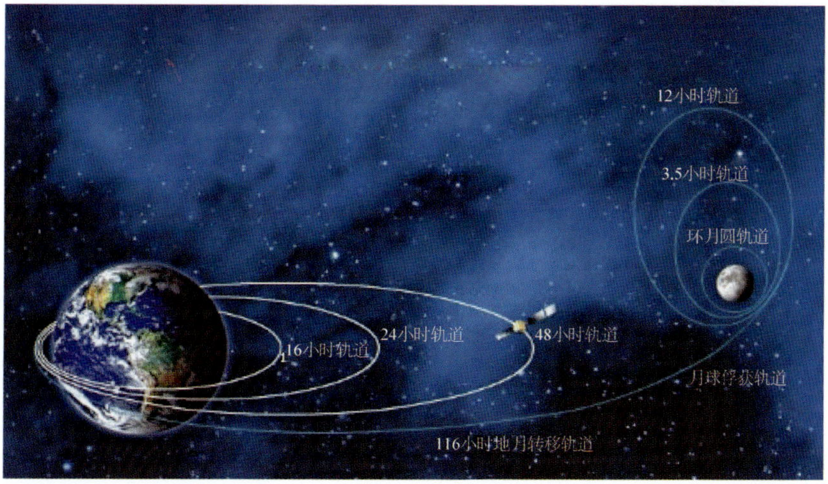

> 图170　嫦娥探月轨道图

越；船舶平台性能（耐波性、船体强度、刚度、振动）等综合性能上处于世界一流水平。

2007年和2008年，“远望5、6”号航天测量船相继交付中国卫星海上测控部。

在“远望5”号、“远望6”号的设计中，针对船员们和船上科研人员反映较为集中的居住环境问题，设计团队大胆借鉴邮轮的设计经验，深入贯彻“以人为本”理念，在船上配置了露天游泳池、篮球场、健身房、大型俱乐部、图书馆等设施，丰富了船员的业余文化生活。采用变频控制技术使得船舶舱室内的温度始终恒定，进一步提高了居住舒适性。

“远望”后续船先后承担了同步通信卫星发射定点试验、神舟飞船遨游太空、“嫦娥”奔月及“天宫一号”对接等重大工程的海上测控任务，对我国航天事业的发展功不可没。

2012年，国务院批准建造“远望7”号航天测量船，并于2016年7月12日正式交付。

以人为本，万无一失——可靠的安全返港能力设计

航天测量船人员编制众多，航行周期长，航行线路不确定，远洋航行时一旦出现事故，为了保证人员的生命安全，必须具备基本的返回最近港口的能力。如“泰坦尼克”号这样的大型客船由于没有考虑安全返港能力，发生事故后迅速沉没，造成了巨大的人员损失。

根据《国际海上人命安全公约》（SOLAS）第Ⅱ-2章增设的21、22、23条的规定，2010年7月1日或以后建造的船长为120米及以上，或具有三个以上主竖区的客船应满足安全返港、安全区域、安全撤离、安全中心等相关要求。

在事故门限内，船舶必须保证在任一（火灾）事故限界外残存的系统和设备，均能具备必要的推进、操舵、导航、燃油转运、内外通信、损管监控、消防，以及支持安全区域内空调、通

> 图171 “远望7”号航天测量船

风、照明、食品、淡水和医疗基本保障的能力，以达到安全返港的目的；在事故门限外，船舶必须保证消防总管、内外通信、舱底水系统、逃生相关区域的

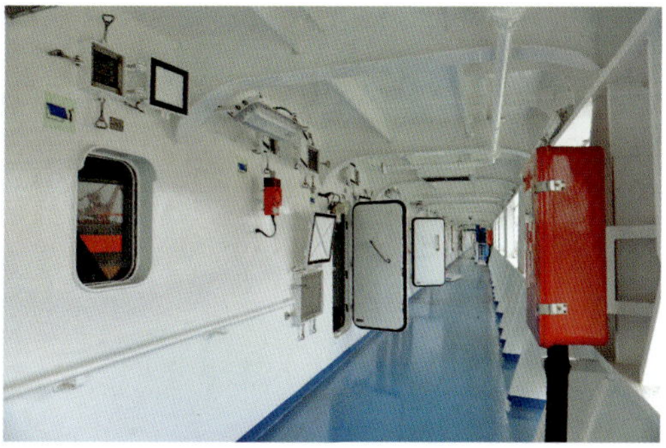

> 图172　提供快速、安全撤离的外通道

> 图173　上层建筑两侧对称设置的舷梯

照明等具有维持运行的能力，以达到有序撤离的目的。

为了达到以上安全返港的要求，船舶设计时需制定安全返港设计规划，以确保主要系统及设备满足规范要求，即确保船的总体布置、总体性能，尤其是船受损后应满足破舱稳性要求。

一种解决以上矛盾又能满足安全返港要求的Z字形设置的机舱结构应运而生：将两个独立机舱布置为左右不对称的Z字形，纵向布置前后交错，同时两个独立机舱各自在舷侧设置边舱，进一步减少机舱

破损时容积较大的一舷的浸水量，减小横倾。前主机舱右舷布置前主机、减速齿轮箱和右轴系，左舷布置前主发电机；后主机舱左舷布置后主机、减速齿轮箱和左轴系，右舷布置前主机轴隧舱。两个机舱相互独立，并设有水密门，保证在任一机舱失火（或进水）情况下，不会同时失去两套推进装置。

Z字形机舱结构型式的优点是综合了前后和左右两种布置方法的特点，采用左右不对称Z字形水密分隔布置两个独立机舱，既可充分利用空间，减小了机舱段总长度，满足了安全到港对机舱和轴隧的布置要求，同时纵向交错布置的机舱及舷侧边舱的设置又满足了破舱稳性的要求，在船中设置的纵向隔壁既起到了局部水密分隔的作用，又使整个机舱的纵向刚度得到了很大提升，对机舱的减振降噪起到了很大的作用。

> 图174 船上的淡水处理装置

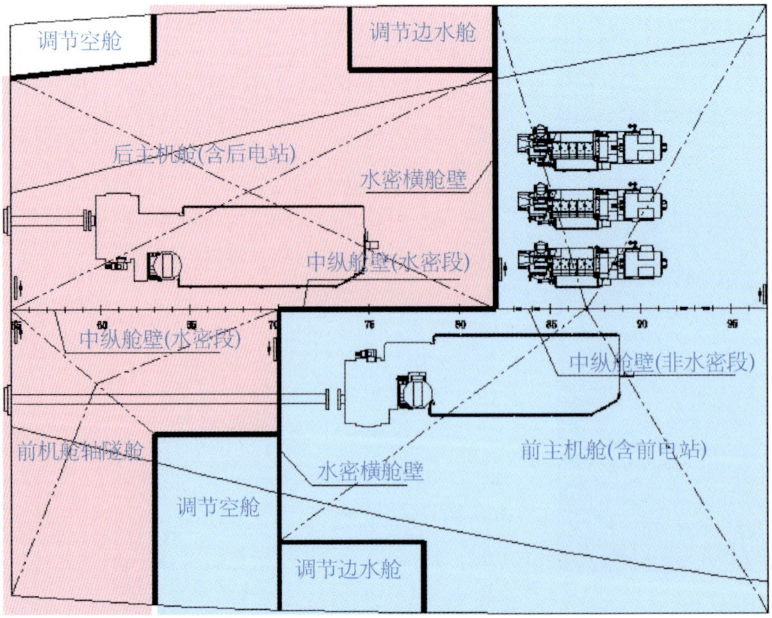

> 图175 满足安全返港的Z字形机舱结构设计

海上知云雨——功能齐全的移动气象站

> 图177 船载设备接收的卫星云图

提前获取气象条件是顺利完成航天测量任务的基本保证。浩瀚的大海里，测量船不可能依靠其他气象台来预报试验点上空气象的准确数据。为了解决这些问题，“远望”号航天测量船上装备了功能强大的气象预报系统。它由气象雷达、探空仪、氦气球高空施放装置、卫星云图接收设备、无线电气象通信设备以及常规气象设备组成，能及时提供该船位的高空气象参数。而测量船则成为整个气象预报系统中的一个海上气象站，实现了与陆上小型气象站相当的功能。

卫星云图上的蓝色代表海洋，绿色或黄色代表陆地，白色代表该区域上空的云团。白色越浓密表示该处的云层越厚，结合季节时间因素，再根据云团移动的速度和方向，就可以判断所关注地理区域的天气情况。

“远望”号航天测量船就像一个海上移动的气象探测与预报站，通过探空气象数据，计算卫星发射时任务海域上空大气折射情况，为事后对测量船外测数据的精度分析提供气象依据。

施放气球前，在探空仪监测室里对高空气象测量仪器进行监测和状态确认，同时给直径1米多的专用气球充入惰性气体，该气体来自船上设置的惰性气瓶室。充

> 图176 航天测量船机舱

破舱稳性

破舱稳性是指船舶遭受事故破损进水后的剩余稳性，也即船舶在一舱或相邻多舱破损浸水后，仍能保持一定的浮力和稳性，使船舶不至于沉没，是保证船舶安全的一项重要性能。韩国的“岁月”号客滚船就是由于破舱稳性不够导致在破损后迅速沉没，船上人员无法及时采取自救措施。

气完成后，在船露天甲板开阔区域施放气球。在甲板风很大时，需用放球器。

> 图178　在“远望”号航天测量船上施放探空气球

气球在自由升空过程中，气球上的探空仪可将不同高度梯度、不同测量时间的温度、湿度、大气压力、大气密度、露点、径向风速风向、经度、纬度等测量数据通过UHF发射机发送给船上的高空探测UHF接收设备。探空仪探测范围为0～25 000米，数据传输为每8秒实时传送某一高度的传感器数据，从而为海上测控通信提供气象保障。

安装在甲板面的百叶箱主要采集测量船舶航行海域的温度和湿度数据，与陆地上的气象观察站设置的百叶箱功能相似。

> 图179　探空气球施放成功

保护环境，当仁不让——绿色船舶设计

浩瀚的海洋是地球上最大的生态系统，海水覆盖了地球表面积的约71%。世界海洋总面积为3.61亿平方千米，而陆地面积仅1.49亿平方千米，还不及太平洋的面积大。

> 图180　“远望”号航天测量船上的温湿度探测装置

随着经济的不断发展，环境污染和能源危机成为当前社会发展亟须解决的两大难题。蓝色的海洋中蕴含着无限的生命和能量，但强大的海洋却有着相对脆弱的生态系统，容易因污染而遭到破坏。

> 图181　生态和谐的大海

随着人类的海洋活动日益频繁，各种用途的船舶在海上大量运行，而船舶的发动机排气、机械设备运行所产生的油污水，生活垃圾和污水等排放物是海洋污染物的主要来源。

为了避免蓝色的海洋受到污染，各个国家和国际海事组织相继出台规范和公约来对船舶的污染物排放进行限制。其中，IMO组织的《国际防止船舶造成污染公约》（MARPOL）是目前全世界最具普遍意义、涵盖范围最为广泛的国际规范。此外，不同国家对其所属港口及海域的船舶污染物排放也有不同的地域性要求。

“远望”号航天测量船一直秉承以人

> 图182　船舶事故造成的海洋污染

> 图183　海洋污染对生态造成严重破坏

> 图184　船舶排放的污染物

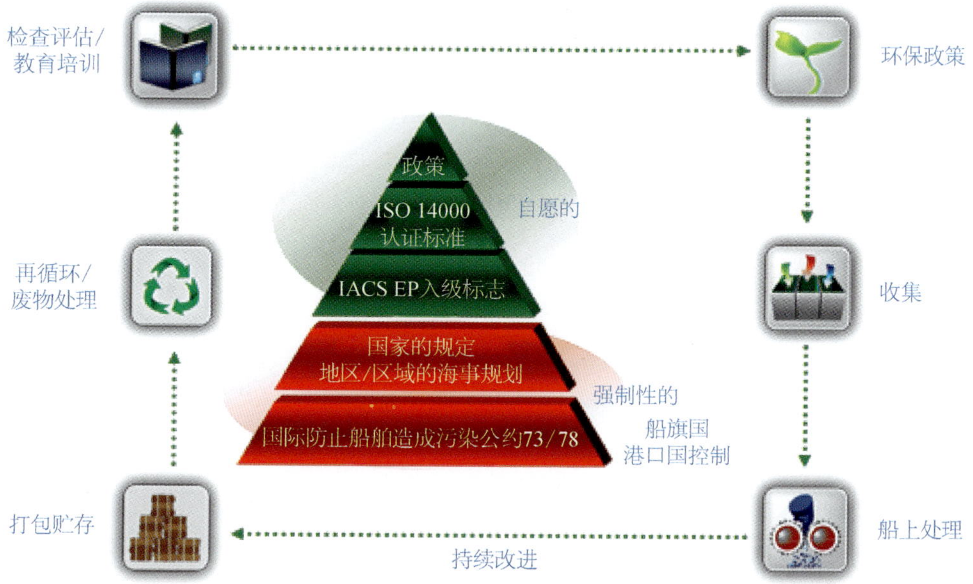

> 图185　船舶环保相关规范

为本、绿色环保的设计理念，所有船型设计均满足最新的环保规范和公约要求，采用世界先进的防污染技术进行全船防污染系统的设计，打造了一支保护蓝色海洋无污染的绿色船队。

防止油类污染

在船舶运行过程中，由于不可避免的管路系统泄漏、排放，会在船舶舱底集聚污水。这种污水是一种含油污水，如果不加处理，任意排放，会导致对海洋、港口等的污染。

“远望”号航天测量船在机舱中设置了舱底油污水处理装置，该装置可以自动或手动地从储存上述污水的舱底水舱中吸取污水进行处理。

通过重力沉淀、过滤吸附等过程，污

> 图186　船上错综复杂的管路系统实拍图

> 图187　船舶航行过程中的油类泄漏污染

水中的细小油滴被挤压、凝聚在一起，并与水分离开来。经过分离后油通过管路排至油渣舱储存，而水则通过装置上的油分浓度计取样分析，如果油分浓度超过0.015‰，水自动流回舱底水舱。只有油分浓度低于0.015‰的水，才被允许排出船外。

防止空气污染

船舶空气污染主要来自原动机燃烧排出的废气，其中的氮氧化物和二氧化硫是主要的污染源，对人体健康和生

> 图188　舱底油污水处理装置

态环境安全产生极为不利的影响。氮氧化物会造成光化学烟雾、酸沉降、臭氧损耗等危害，二氧化硫则是造成酸雨的主要因素。

"远望"号航天测量船在设计之初就很重视防止空气污染，"远望7"号航天测量船使用的柴油机就可满足氮氧化物的排放要求，同时该船通过使用低含硫量的燃油，也满足硫排放要求。

防止垃圾污染

经修订的《国际防止船舶造成污染公约》附则Ⅴ内容规定了禁止将除食物垃圾之外的垃圾排放入海，因此塑料、金属、玻璃、纸质、木质等垃圾必须收集存放，同时新规规定了禁止将食用油排放入海。

根据垃圾产生过程和种类，"远望"系列航天测量船有针对性地设置了各类垃圾处理装置。

> 图190　国际海事组织（IMO）徽标

食物预处理阶段产生的纸质、塑料垃圾经收集后送至垃圾处理装置室进行粉碎、压实、打包处理，再送至垃圾储存室存放；该阶段产生的食物垃圾一般不含食用油，经粉碎装置粉碎后，通过垃圾收集系统送至收集柜，在允许排放的海域可直排入海。

> 图189　船舶航行过程中排烟造成的空气污染

> 图 191　固体垃圾处理前后对比图

> 图 192　船用垃圾焚烧炉

食物加工阶段产生的垃圾通过设置在厨房内的粉碎机进行粉碎，粉碎后的垃圾经收集系统和厨房排水一起送至收集柜。收集柜可根据液位信号自动控制垃圾输送泵将柜内垃圾送至去水单元去水、压实和打包。排出的污水经去油单元分离后，水排至灰水舱，油排至油渣舱。

餐后集中收集的垃圾送至大型垃圾粉碎装置进行集中粉碎，通过收集系统送至收集柜。

平时产生的各类生活垃圾经分类收集，通过粉碎、压实、打包后，送至垃圾储存室存放。纸质、木质垃圾也可通过焚烧炉焚烧，焚烧后的残渣收集后存放。

防止生活用水污染

生活用水污染主要来自船上洗涤排放污水（灰水）、人体排泄污水与医疗废水（黑水）。

黑水由于含有大量有机废物、细菌、微生物等，会对水体造成严重污染，必须处理后才能排放。因此船上按区域设有数台生活污水处理装置，每个区域内的黑水通过重力或真空收集管路排至该区域生活污水处理装置内进行生化处理、膜过滤、紫外线杀菌，处理后的水可排至灰水舱储存或在可以排放的海域按照一定的要求排放入海。

灰水由于有机废物、细菌、微生物等含量较少，则采用灰水舱储存，在可以排放的海域按照一定的要求排放入海。

健康有保障——功能完备的海上医疗系统

从“远望”号航天测量船设计开始，就拥有国际领先和人性化的设计理念，特别体现在海上医疗救护这个方面，实现了测量船海上医疗从无到有的转变。

设计师考虑到该船经常需要单船长期远洋航行，一方面需考虑船上人员的身心健康问题，另一方面常常要在海上担当“老大哥”的救助角色，于是将陆上医院搬到船上的设计思路开始付诸实施。

医疗区设在具有较宽敞的甲板，并且有左右两个主通道可通往舷梯处，方便紧急情况下便于两个船员用担架输转病人。

设计师们专门针对“远望”号航天测量船的海上医疗救护问题“量身定做”了海上医疗系统，设置了医疗区。船上拥有急救室、诊断检查室、五官室、X光室、特检室、消毒兼手术准备室、手术室、检验室、治疗室、理疗室、心理治疗室、医疗器械室、药房、隔离病房以及若干两人病房等多个科室；医疗设施先进，护理

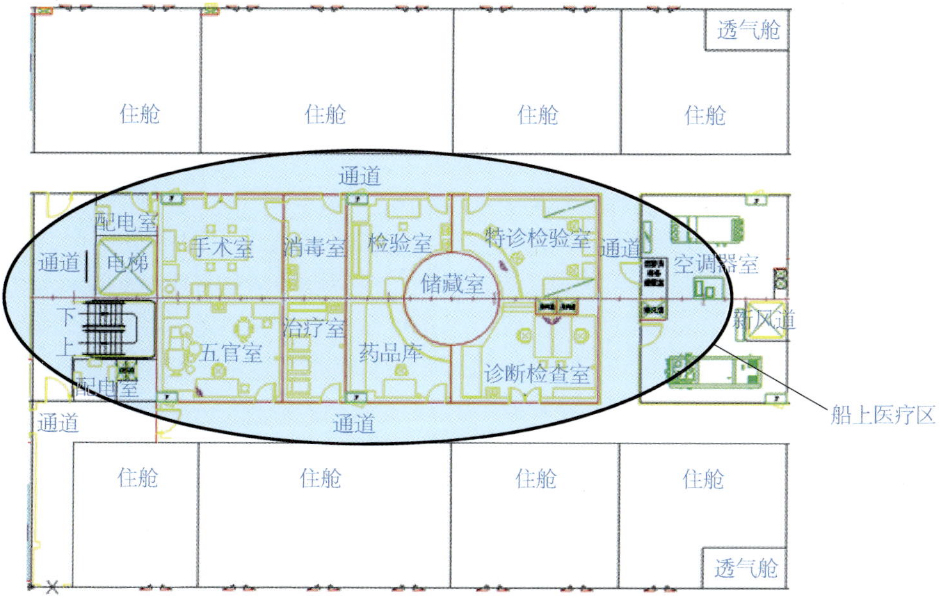

> 图193　“远望”号航天测量船上的医疗区设置示意图

> 图194 医用消毒设备

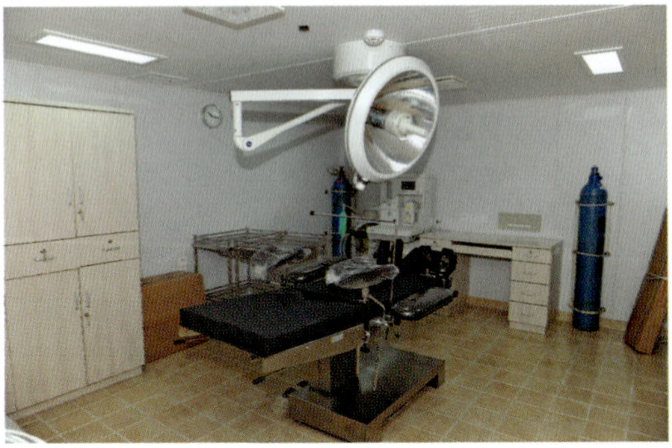

> 图195 手术室

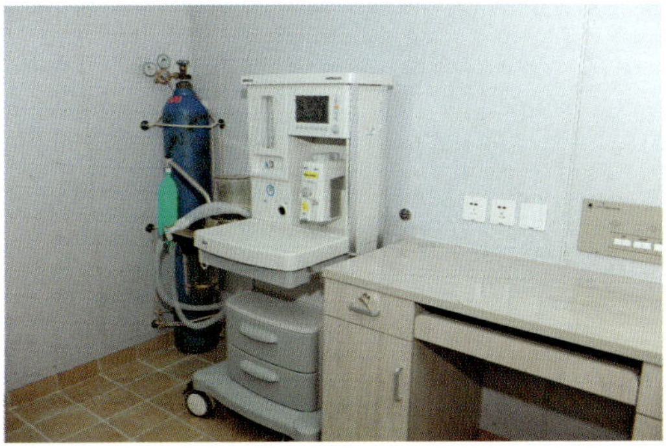

> 图196 麻醉机设备

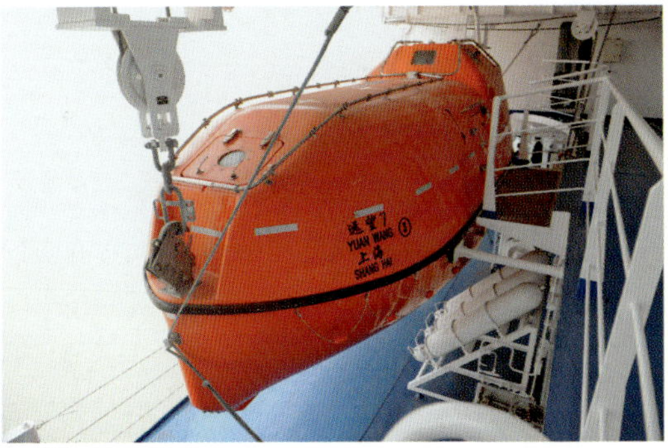

> 图197 悬挂在舷侧的救生艇

系统完备，相当于国内二级甲等医院的水平。能为船员提供海上早期治疗及部分专科（如牙科）治疗等，还可以在海上通过先进的卫星通信手段与岸基中心医院建立视频网络，开展远程音视频医疗会诊和小型手术。

船上设有远程医疗会诊系统，配有电梯若干部，可供伤员转运使用。船体两侧各悬挂了2个救生艇，主要用于转运和接救伤员。在船的艉部设有直升机机库、起降平台及相关保障设施，在应急情况下可供多种型号的直升机起降，实现海上立体医疗救护，简直就是一座现代化海上流动医院。

救生艇属吊艇架降落型全封闭救生艇。救生艇系指从弃船时起能维持遇险人员生命的艇。在遇险时，船上人员穿好救生衣，携带雷达应答器迅速登艇，登乘站满足《国际海上人命安全公约》（SOLAS）要求，可使担架病人抬进救生艇。雷达应答器可将救生艇所在位置发送出去，附近的搜救船只就可以很快找到并营救船员。

此外，船上设有日常生活的设施，包括洗衣房、晾衣间、健身房、理发室、图

图198　洗衣房

书馆和餐厅等。

更高更远——远望“机场”

在每艘“远望”号航天测量船的船艉设有一个供直升机起降的平台，用于保障执行打捞、搜救和垂直补给任务的直升机使用，其实就是一个小型机场。为了保障直升机的正常使用，在“远望”号航天测量船上相应设有起降平台、机库、直升机牵引装置、直升机系留装置、直升机指挥塔台、直升机维护设施、安全设施、航空

图200　直升机起降平台

图199　船上起飞的直升机

> 图201 降落标志线

> 图202 安全网装置

舱室、水、气和辅助设施、喷气燃料系统、助降灯光系统、航空特种电源等。

起降平台设置于船甲板艉部，面积近1 000平方米，由安全网装置、甲板防滑覆层、降落标志、平台消防设施（含干粉灭火器、二氧化碳灭火器、化学泡沫灭火器、消防员装备、水成膜泡沫灭火枪和水消防系统等）和平台排水设施组成。

在起降平台前部设置一座固定机库，能可靠存放一架大型直升机（旋翼折叠）。在机库后舱壁上设有一扇吸顶式机库大门。机库内存放冲洗设备、液压油车、千斤顶、系留索具、机载设备的备品备件、直升机维护设备、旋翼折叠装置、牵引杆等。机库内亦设有相应消防设备。

直升机指挥塔台布置在艉部甲板顶

> 图203 机库大门

部，位于机库右侧。塔台的顶上和侧部均设玻璃窗，方便塔台内的指挥人员观察直升机的起降动作。

直升机指挥塔台内设有与直升机进行通信和实施归航引导的设备、助降灯光控制开关等。为便于集中控制，将上面部分设备的控制集中放在直升机指挥起降控制台上。

> 图204　直升机指挥塔台

第4章

创新技术的应用

——成就“远望”海上精准测控

解决海上航天测控难题

三级船摇稳定技术

我们知道，与平稳的陆地不同，在海上的船舶总是不停地随着风浪作摇摆运动。遇到大风浪的海况，船舶会剧烈地摇摆，会让人产生终生难忘的晕船体验。

测控天线在陆地上工作时，在规定的十几分钟之内快、稳、准地捕获并跟踪以第一或第二宇宙速度（7.9～11.2千米/秒）飞行的航天器目标已非易事。而对于在波涛汹涌中航行的航天测量船，还需要额外考虑船体在波浪中的摇摆，跟踪目标更是稍纵即逝，难上加难。因此，天线装备对航天测量船的稳定性提出了超乎寻常的高要求。“远望1”号航天测量船解决船舶稳定的方法很巧妙，开创性地研究采用了分

> 图205　海上的巨浪

级稳定措施，有效解决了在海上航天测控中的船舶稳定问题。

然而，对于航天测量船来说，还要把测控天线从四平八稳的陆地，搬到摇摇晃晃的船上。如何保证测控天线能够正常执行任务，这是“远望”号航天测量船需要解决的重大技术难题。打个比方，让一个人徒手打蚊子已非易事，现在要让这个人站在摇晃的秋千上打蚊子！

世上无难事，只要肯登攀。设计师们采用一系列的巧妙设计和技术手段，成功突破了这个技术难点。这就是“远望”号航天测量船技术手段中著名的“三级稳定”。三级稳定，指的是三种技术手段，它们同时实施，共同发挥作用，保证测控天线正常工作。

其中，一级稳定最为基础，是船舶自身的稳定。其理念和目标是采取措施减小船舶在风浪中的摇摆运动幅度。“远望”号航天测量船上采用了两对大型收放式减摇鳍和超大型单板舭龙骨。船舶纵向运动通过线型和质量分配，减少运动幅值。船舶的漂移和艏摇则通过主动舵和艏定向装置联合控制。“远望”号航天测量船能较

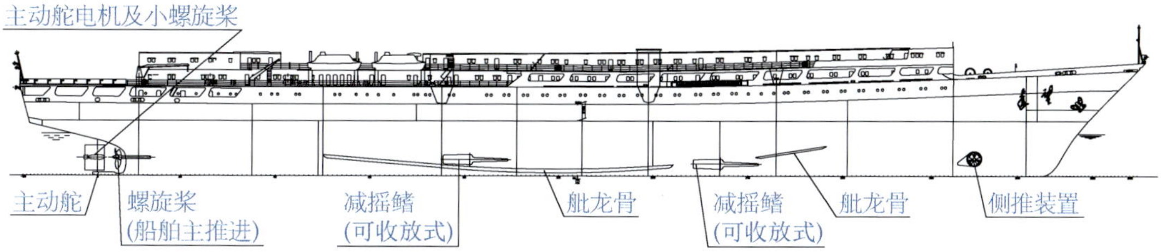

> 图206 航天测量船一级稳定装置分布示意图

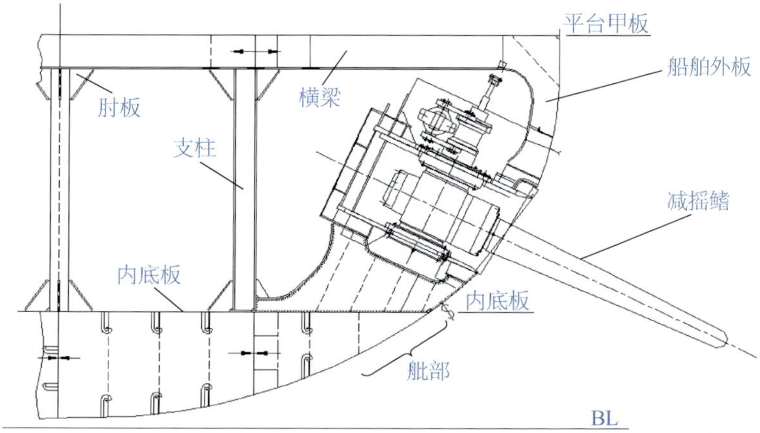

> 图207 典型可收放式减摇鳍鳍箱结构横剖面图

快速地原地回转，船舶耐波性能良好，为测量设备提供了稳定的工作视场。这样就可以把船十几度的横摇减小到5度左右。

大型可收放式减摇鳍结构安装于船两舷舭部，船艏船艉各设一对，鳍叶打开时有如测量船的两对大翅膀，近似于飞机左右的两个机翼。减摇鳍利用鳍叶升力形成减摇力矩来减小船体横摇，让船体更平稳。

收放式减摇鳍分为转鳍机构和鳍叶收藏鳍箱两部分。鳍箱顺船体流线布置，在外板上要开不规则钥匙形孔。当减摇鳍不工作时，鳍叶就收藏于鳍箱中。外板上的钥匙形开孔在船体总纵弯曲作用下会产生应力集中，同时鳍箱结构还要承受鳍叶执行机构传递的减摇力和力矩，因此在设计中对应力集中和受力构件要进行足够的加强。

二级稳定是指在船舶一级稳定的基础上，采用惯性导航基准稳定平台，进一步减小测控天线的摇摆幅度。基准稳定平台采用跟踪复原系统，具备跟踪船舶摇摆状态并实施复原抵消的功能，可使测控设备的摇摆角度由5度减小至1度左右。

三级稳定是在测控天线设备上下功夫。在测控设备上建立误差补偿系统，通过伺服机构，自动控制设备的方位轴和俯仰轴，使测控设备在自动跟踪目标的同时，克服船舶摇摆对跟踪的影响，把1度的摇摆减少到秒级。

通过以上三级稳定，可使“远望”号航天测量船在6级海况下达到等同陆地的工作状态，实现快速有效捕获目标和连续跟踪测量。

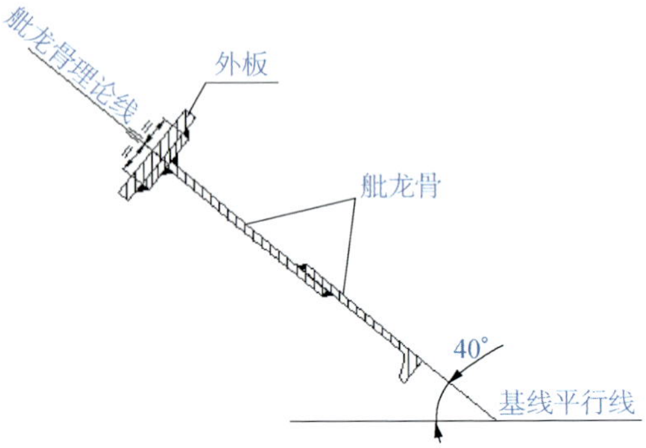

> 图208　典型柔性单板舭龙骨结构横剖面

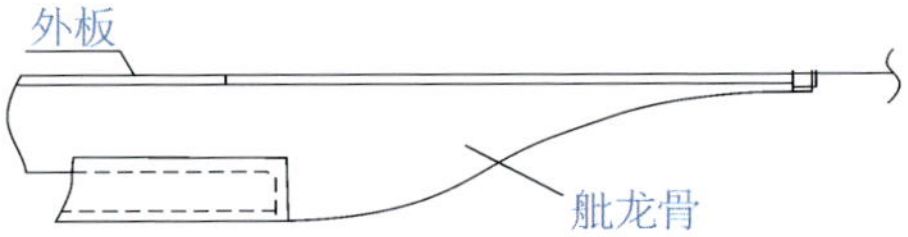

> 图209　典型舭龙骨流线型端点削斜型式

超大型舭龙骨设置在船体两舷的舭部，在船长一定范围内连续，犹如测量船的一对小翅膀，它可以减少船舶横摇，增加附连水质量惯性矩和横摇周期。为了减少舭龙骨对船体阻力的影响，在设计中将舭龙骨沿着船体流线方向布置，同时承受船体摇摆时的水压力和舭龙骨出水时的砰击压力。一般将舭龙骨设计成间断的柔性结构，不参与船体总纵弯曲。舭龙骨的端部承受波浪砰击压力易造成撕裂，在设计中宜将端部设计成流线型削斜，削斜长度满足一定要求。

“抓”卫星得心应手

船体变形实时测量技术

地面测控天线在工作时，像一只朝天张开不断舞动的大手，试图快、准、狠地“抓住”大气层外飞速运行的卫星。很多情况下，为了提高捕捉效率，需要两个天线协同工作，就像双手左右开弓，让卫星无处躲藏。

当在陆地上时，“两只手”都是稳稳的，可以顺利地合作；但是，当船舶在波浪中航行，船体随着波浪的起伏不断地发生着中垂—中拱—中垂的变形，两个天线之间的相对位置也不断地变化。“两只手”不停地抖动，也就不能顺利地“抓住”卫星。

这个问题相当棘手，这可怎么办呢？

在波浪中航行的船舶是个弹性体，在船纵向（船长方向）分布的重力与浮力作用下，产生相应的弯曲变形。

“远望”号航天测量船的设计师同时采用两种手段，双管齐下，稳稳地解决了“两手发抖抓不到目标”的问题。第一

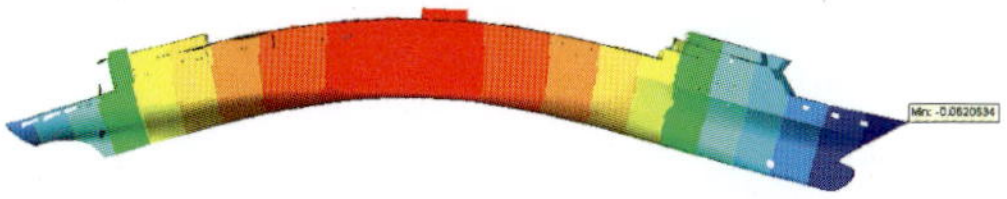

> 图210　采用全船有限元方法模拟航天测量船在波浪中的中拱变形

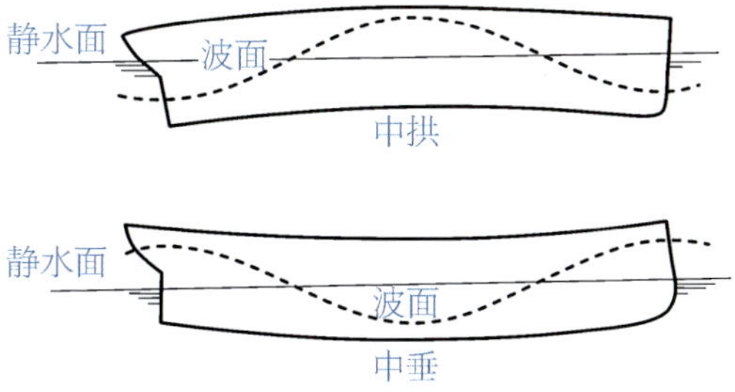

> 图211　中拱与中垂

小贴士

中拱与中垂

船体就像漂浮在海面的一根细长的扁担，挑着这根扁担的是谁呢？就是不断起伏的海浪。由于重力和浮力沿船长的分布规律并不一致，两者沿船长的差额就共同产生了总纵弯曲载荷，将使船体梁发生总纵弯曲变形。当波峰处在船舯，波谷在艏艉，此时船中部浮力较大，首尾浮力较小，船体产生中拱弯曲变形；反之，当波谷在船舯，波峰在艏艉，船体产生中垂弯曲变形。随着波浪之波峰、波谷的交错前进，船体交替产生中拱和中垂弯曲变形。

种手段就是将船体结构采用特殊设计和布局，提升抗变形能力，使船体在波浪中变形大幅降低。“远望”号航天测量船的变形量远远小于一般远洋货船，给航天测量提供了一个相对平稳坚实的工作环境。

第一种手段的专业说法叫作提升船体刚度。船舶航行在大海上，作用在船体上的力包括重力及惯性力、浮力、波浪水动力（随波浪而不断变化），在这些力的作用下，船体沿船长方向会产生弯曲，这种弯曲叫做总纵弯曲。船体刚度是指船体抵抗总纵弯曲变形的能力。

航天测量船一般具有多层长上层建筑和多层纵通甲板，出于总强度和刚度的考虑，船中区域所有有效参与总纵强度的连续结构均采用合理的船体构架型式：纵骨架式和横骨架式，提高船体的总强度储备和纵向刚度。

上层建筑又称“船楼”，泛指船体最上层连续甲板以上的各种围蔽建筑物，根据所在的纵向位置可以分为艏楼、桥楼和艉楼。根据船舶的类型、主尺度和使命的不同，上层建筑有不同的长度、形式、层数和设置，与总体布置密切相关。上层建筑可用于布置各种舱室、战位和各种装置等，位于艏部的艏楼可以减少甲板上浪。上层建筑还可以增加船舶储备浮力有利抗沉。长上层建筑还参与船体总纵弯曲，对总纵强度有贡献。

横骨架式结构是加强船体板的横向骨材布置较密，纵向骨材布置较疏；纵骨架式结构加强船体板的纵向骨材布置较密，横向骨材布置较疏。从承受局部强度考虑，两种骨架形式相当；但从总强度考

> 图212 鸟瞰“远望”号航天测量船上层建筑

> 图213 “远望”号航天测量船的上层建筑远景

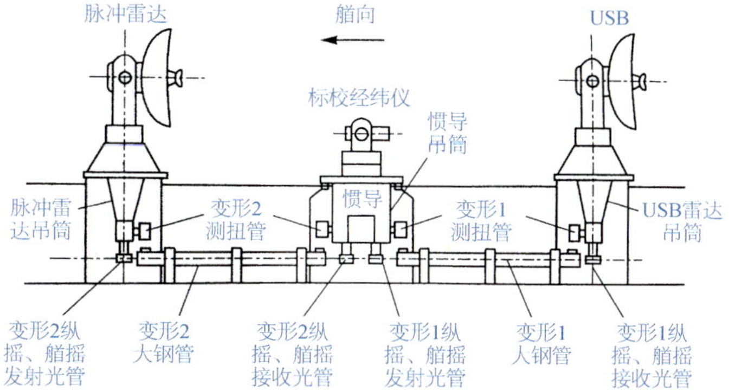

> 图214 变形测量大钢管布置图

虑，纵骨架式结构在总强度参与度和板格抗屈曲性能上要优于横骨架式结构。

更重要的，采用第二种手段——实时测量船舶的变形，并发送给两个相互配合的天线。这样，虽然“两只手”仍然在不停地抖动，但是“两只手”对互相之间的位置、行踪了如指掌，配合起来“抓”卫星也得心应手啦。这种能够测量船舶实时变形的装置有一个专有名称，叫作“大钢管式船体变形测量系统”。

船体变形测量系统由机械、光学测量和数据采集等部分组成。机械部分包括雷达吊桶、惯导吊桶和大钢管等。变形大钢管属于测量船变形测量设备的机械组成部分之一，一方面为横摇的测量提供参考基准，另一方面为纵摇、艏摇变形测量提供光通道，以降低大气扰动对测量的影响。

各测控设备基座之间架设大钢管，在大钢管两端的天线基座上分别安装发射光管和接收光管，用来测量纵向挠度转角、艏向挠度转角和船体扭转变形。大钢管为测量提供了光通道、消除远距离的气流抖动等因素干扰光的直线通行，以便保证变形测量精度；另一方面对设备扭转角进行精测时提供一个长的光学平尺。

天线基座及光管安装面处的变形取决于此处的船体梁变形，在船体外载荷作用下天线之间的船体梁两端会产生相对角位移，为了使大钢管一端的接收光管能顺利接收另一端发射光管发出的光线，船体梁的变形应该足够小。如图214所示，变形1发射光管与变形1接收光管之间船体变形越小越有利测量精度。

茫茫大海，何处觅影踪

高精度的导航定位系统

航海离不开导航定位。一望无际的浩瀚大洋里，船舶在地球坐标系中是一个移动着的目标。为了保证本船能快速、准确到达目的地，就必须时刻知道船在地球上的航行方向和所处位置，从而引导船舶向既定的方向前进。测量船相对于地球运动，地球相对于太阳系运动，而被测量的高速飞行体又是太阳系中一颗高速运动着的质点，因此测量船与地球的相对

> 图216　经纬仪三维结构

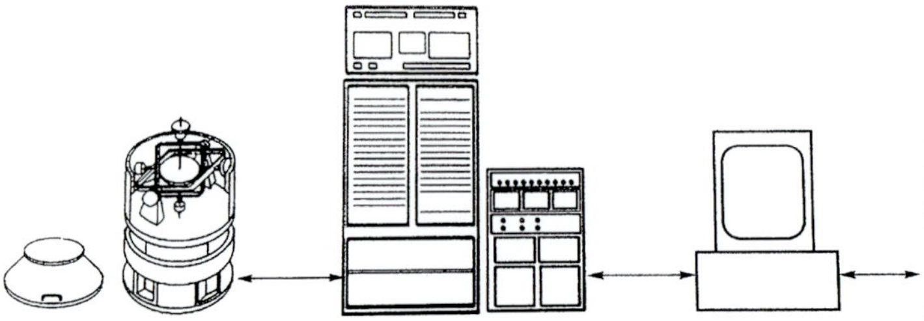

> 图215　惯性导航设备主要组成

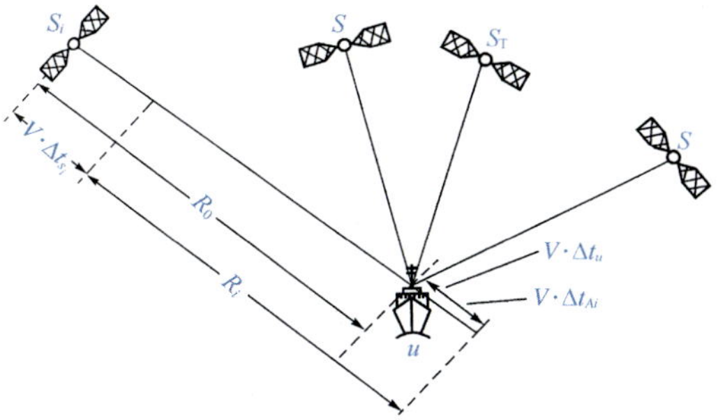

> 图217　卫星定位原理

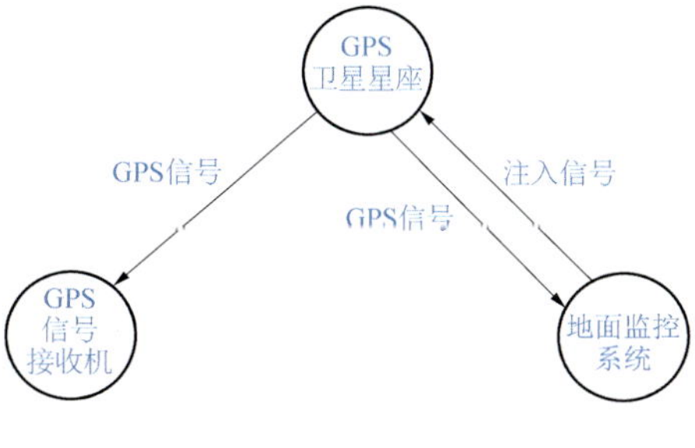

> 图218　卫星定位系统组成

位置也必须实时地被测出，并输入中心计算机中。

我国第一代航天测量船采用了当时航海学中的最新手段，即惯性导航设备。它利用陀螺理论和加速度计敏感器件，能实时测得船在海洋中的横摇、纵摇、航向、水平基准以及其他运动参数，并通过计算机进行船位姿态的解算和显示，这些数据是测量高速飞行航天器的重要初始参数。它的测量精度很高，经天文经纬仪校准之后，不受时空及天然条件影响，可全天候进行导航定位，但在长时间工作之后，需要用其他手段进行校准。

第一代航天测量船还配备有卫星导航接收设备一套，可利用当时的子午仪导航卫星即海事导航卫星系统实施定位。该系统由导航卫星、地面跟踪站及时统中心等组成，具备全球性、全天候、高精度的优点。但它不能连续定位和瞬间定位，一般在1～2小时内测定导航卫星一次，每次定位需跟踪十几分钟。

第三种手段采用天文经纬仪，通过观察测量太阳及恒星进行定位。

此外还有常规导航手段，如无线电导航仪、欧米伽、长河Ⅰ和长河Ⅲ无线电导航系统，以及和惯性导航设备配套使用的专用计算机、升沉仪等。

我国第一代航天测量船所采用的上述导航定位系统，是当时国内舰船中最尖端、最齐全的，在国际上也是相当先进。常用的导航设备见表3。

小贴士

卫星定位原理

卫星定位是一种测距定位系统。测定出用户到3颗卫星的距离可以得到以卫星为球心，以卫星到用户的距离为半径的3个球面，其交点就是用户的三维空间位置。通常还需要用第4颗卫星来修正用户偏差（用户时钟一般与卫星时钟有偏差），这样就可以知道用户的准确位置。

表3 常用导航设备概况表

名　称	输出数据	优　缺　点
惯性导航	经度、纬度、航向、航速、纵横摇	自主式，有船位、航速、航向和姿态数据输出，能长期水下潜航，有误差积累，造价高
天文导航	经度、纬度、航向修正量	航向精度高，但定位精度差，受天气影响
卫星导航	绝对的三维位置、速度、时间	定位精度高，连续定位，多用性好，造价中等
计程仪	航速	只能提供速度数据，造价中低等
平台罗经	航向、纵横摇	只能提供姿态数据，造价中低等
其他导航设备，如欧米伽、长河	经度、纬度	已被北斗、GPS等卫星定位导航系统淘汰

劈波斩浪、筑梦海天

优越的航行性能

为了完成各种各样的测控任务，航天测量船需要全球航行，航程远、海上时间长、环境复杂，对续航力、稳性、耐波性等航行性能提出了很高的要求。

航程有多远呢？除南北极外，其他海域都可以去，续航力近20 000海里，可绕地球一圈。这就要求航天测量船带足“干粮”，这里的“干粮”不仅包括船上人员吃的食品、喝的水，还得包括机器的燃油、滑油，这个量可不小哦！例如“远望7”号航天测量船可满载柴油5 000余立方米，这个体积的汽油可以把约90 000辆小

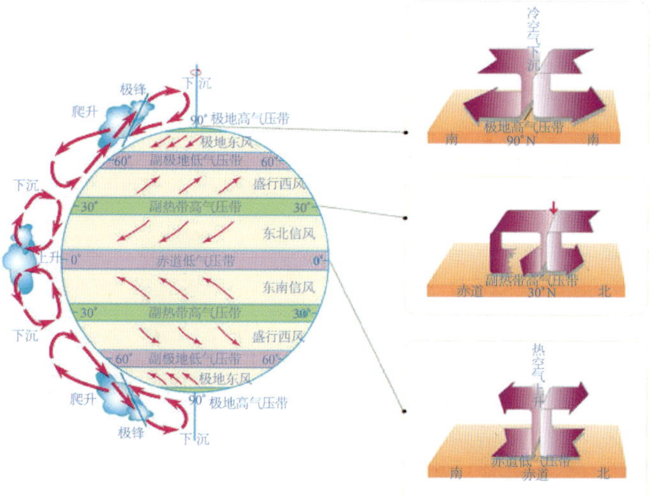

> 图219 咆哮西风带

汽车油箱加满。

航天测量船能够在全球除极地外的恶劣海况下任何海域安全航行，包括世界著名的“西风带”风浪区。

跑的距离越远，时间越长，在海上遭遇风险如大风大浪的可能性就越大，这就要求“远望”号航天测量船的安全性能更好。通过一代代“远望”设计团队的努力，在满足使命任务要求的前提下，船舶平台稳性越来越好，抗风等级越来越高，人的舒适感越来越强。

船舶稳性的好与差，往往用抵抗横风的能力大小来判别。稳性好的船舶可以抵御级别很高的风。稳性差的船舶，抵抗横风的能力较差，在极端情况下可能会出现倾覆的危险。

到底是什么决定了船舶稳性的好坏呢？人们都熟悉不倒翁，不倒翁在受到外力时能够不倒，这与船舶稳性是否有相通之处呢？

不倒翁在一个表面平整的台面上，总是处在一种不倒的直立状态。如果从横向触碰它一下，不倒翁就会左右摇摆。如

小贴士

咆哮西风带

咆哮西风带即通常所说的南半球西风带，位于南纬40度至60度之间，浩瀚无垠的太平洋、印度洋和大西洋在这里携手相通，西风环流畅通无阻，肆意纵横，常年盛行五六级大风。南极入冬后，西风带海域的气旋更为频繁，一个比一个凶猛。

> 图220 船舶稳性出现问题导致倾覆

果这时候不去继续碰它，它的摇摆幅度会慢慢地不断变小，最终又恢复到了直立状态。我们可以把不倒翁的这种自行恢复到直立状态的能力叫做稳性。

制作不倒翁时，往往要在肚子最下方藏几个铅块之类的重物，这样会让不倒翁

> 图221 不倒翁

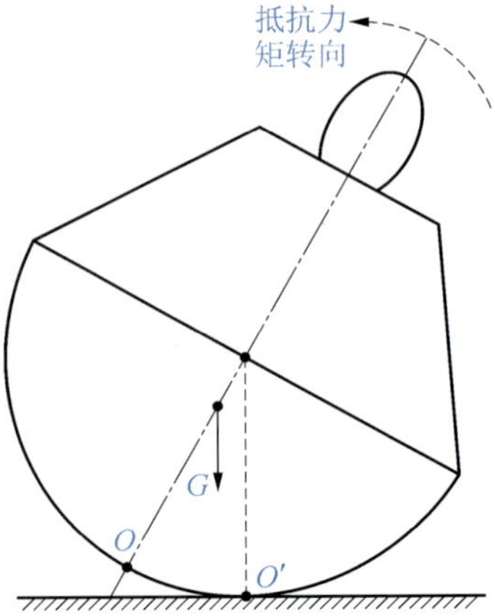

> 图222 不倒翁的原理示意图

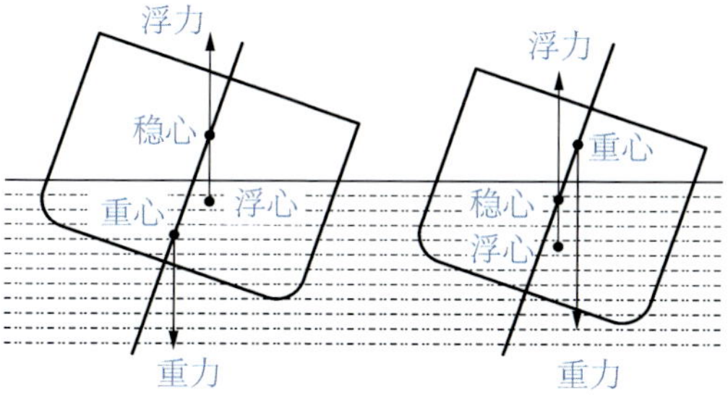

> 图223　船舶稳性示意图

的“不倒性”更好。这是什么原因呢？

原来，从本质上看，重心高度是决定稳性好坏的重要因素。一般来说，重心越低，稳性越好；重心越高，稳性越差。

在船舶设计中，重力和浮力组成复原力矩。当重心较低时，在重力和浮力的联合作用下，船舶可从横倾状态复原至直立状态；当重心较高时，重力和浮力的联合作用将使本来横倾的船进一步加大横倾，导致倾覆。因此，对一条船舶来说，控制重心高度是十分重要的，较低的重心是船舶有好的稳性的保障。

“远望”号航天测量船都具有很好的稳性，能够在大海上抵抗12级的大风，安全航行。

天眼通

强大的测控能力

“远望”号航天测量船是一座海上活动测控站，在辽阔的海洋上对各类航天飞行器进行跟踪、测量和控制。测控系统包括无线电测量控制设备、船姿船位测量系统以及实时数据处理与监视显示系统。它包括脉冲雷达、C频段统一测控系统和S频段统一测控系统、遥测设备等，这些设备为“远望”号航天测量船提供了高超的跟踪测控航天器的能力。

根据我国目前发射场的布局和航天器发射飞行任务测控需求，“远望”号航天测量船主要承担运载火箭飞离国内测控站覆盖范围后运载火箭飞行关键弧段（如三级二次点火、航天器和运载火箭分离前后等）外弹道测量和遥测、卫星入轨后遥测监视、航天器飞行关键弧段（如太阳能帆板展开、变轨、载人航天器制动返回等）的轨道测量和遥测遥控。“远望”号航天测量船配置的众多天线设备，犹如敏锐的天眼，将我国各类航天器的发射和飞行动向尽收眼底。

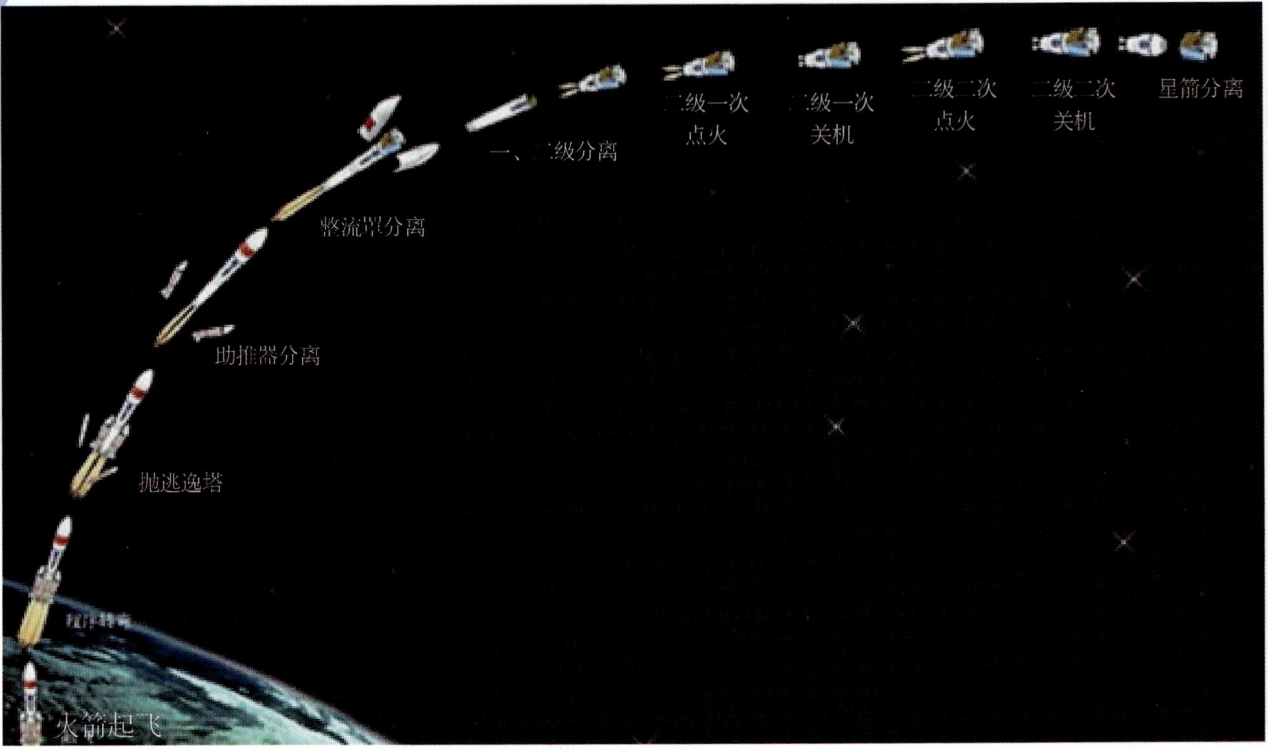

> 图224 卫星发射上升段示意图（至星箭分离）

让擎天柱更稳固

大型天线基座的结构设计

航天测量船在最上层连续的露天甲板上沿船中心线呈一字纵队布置了数个大型的测控天线，像擎天巨柱竖立在船舶露天甲板上。这些天线采集的数据精度将直接影响科学试验结果，但船体在航行中却始终处于变形状态，将对数据精度产生负面影响。为了消除上述影响，设计团队进行了全船建模，应用虚拟仿真等高科技手段，优化船体和大型天线基座结构，充分考虑其在波浪或颠簸状态下的变形程度，最大限度地提升船体刚度，以保证测量数据的精确性。

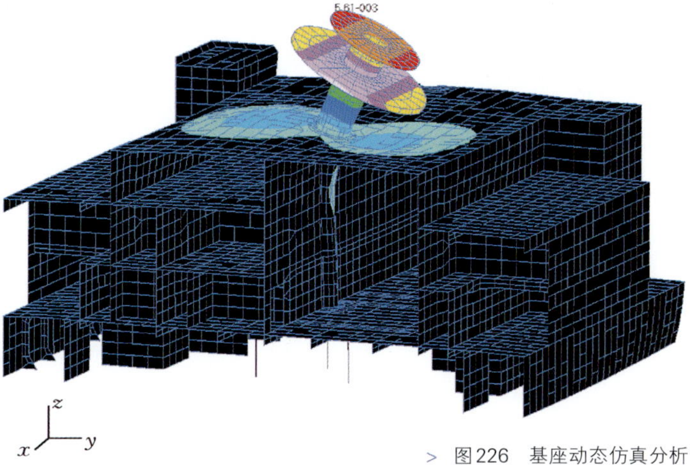

> 图226　基座动态仿真分析

如大型天线基座结构通常为直径数米的圆筒型结构，圆筒顶部为基座安装面板。为了获得各向均匀的稳固支撑，天线基座圆筒一般设置在主水密舱壁处，从上至下穿过几层甲板，如图225中的基座穿过了三层甲板，最后以倒圆锥台形收根于舱壁甲板。

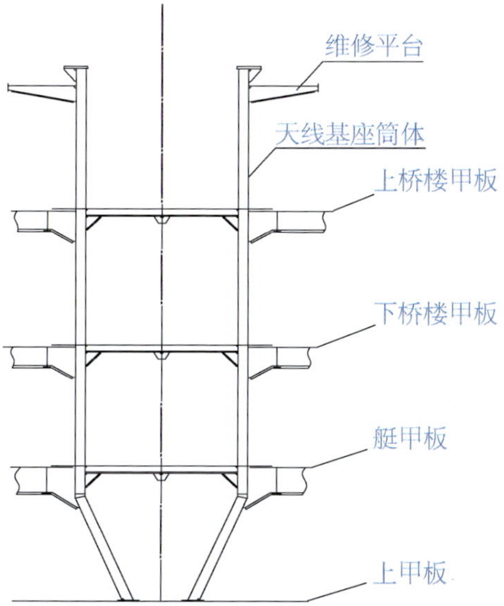

> 图225　穿过三层甲板的巨大天线基座结构

天线基座结构的刚度主要与天线重量（有的天线重几十吨，甚至百吨）、天线俯仰轴距离露天甲板的高度、基座圆筒直径和圆筒壁厚、基座圆筒在船体的固定情况有关。天线重量越大，天线俯仰轴距离露天甲板的高度越高，对天线基座及加强结构的刚度要求也越高，一般就需要更大的基座圆筒直径和更厚的圆筒壁厚，航天测量船上的大型天线一般都要穿插3～4层甲板，筒壁厚度达20多毫米。

基座动态仿真图形（图226）表明，在船上看似非常牢靠的大型天线基座，如果外部的波浪足够强大，在动态情况下同样存在东倒西歪的样子，不过是因为肉眼分辨不出而已！

不管风吹浪打，胜似闲庭信步

卓越的船舶动力

“远望”号航天测量船频频远涉太平洋、大西洋、印度洋，每次均圆满完成了海上测控任务，测控成功率达100%。拥有这样的成绩单，“远望人”自信地喊出了“只有征服大海，才能仰望星空”的豪迈之语。这样的自信除了源自优秀的总体性能设计，还离不开卓越的船舶动力设计。

> 图228 柴油发电机组——动力系统辅机

> 图227 船舶的心脏——动力系统主机

“远望”号航天测量船的船舶动力设计见证了“远望”设计团队一代又一代的辛勤努力、开拓创新，同时也反映出了我国船舶工业制造与设计能力的迅速提高。从第一代（“远望1”号、“远望2”号航天测量船）的蒸汽轮机推进，到第二代（“远望3”号、“远望4”号航天测量船）的低速柴油机推进，再到后续“远望”号的机械喷射中速柴油机推进，最后到电控喷射中速柴油机推进，“远望”系列航天测量船动力系统每次更新换代平均间隔不到10年的时间。

跨越式发展的背后浸透着无数设计人员的汗水，每次动力系统的设计，都需要深入科研、生产、情报部门调研，综合分析动力装置匹配性、运行稳定性、操控性、国内研发能力储备、生产配套能力及周期等，并论证最优方案。

由于“远望”号航天测量船特殊的任务使命，在测控作业时需要长时间低速稳定航行，这时的船舶动力装置发出功率很低，要求动力装置具有优良的低负荷长期稳定运行并易于操控的能力。电控喷射中速柴油机可以根据船舶动力需求，通过电脑程序实时、精确地控制燃油和燃烧空气供给量。另外，“远望”号航天测量船动力系统配有可调螺距螺旋桨，可以根据船舶运行指令调整，具有稳定而宽广的调速范围，以适应各种测控作业任务。

> 图229　中速柴油机

> 图230　连接主机与主轴的齿轮箱

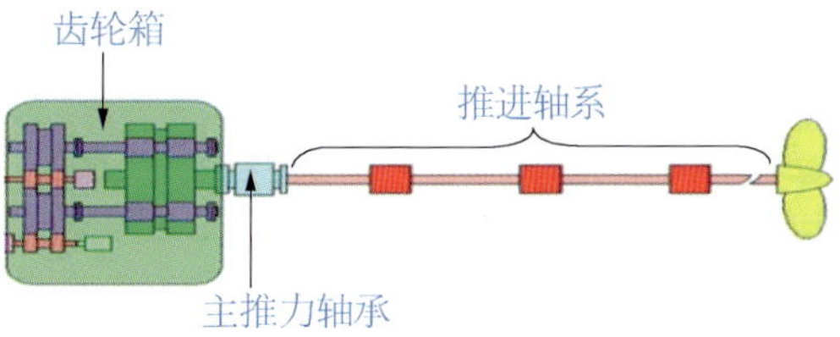

> 图231　齿轮箱与主轴连接示意图

优秀的船舶动力系统不管风吹浪打，都要胜似闲庭信步。例如“远望7”号航天测量船在东海某海域试航时，当时由于某一试验航天测量项目出现异常，原定的航行时间被一拖再拖，此时的“远望7”号航天测量船已经来不及躲避来势凶猛的寒潮，经过一番研判，船长决定顶着风浪上。晚上11点多，海面上风力逐渐变大，狂风呼啸、大雨倾盆，最大瞬时风力达到了12级，“远望7”号航天测量船的最大横倾角超过了15度。“远望7”号航天测量船足足与风浪对抗了五六个小时，临近天亮，终于从寒潮中突围成功，完美地经受住了风浪的考验。这也为今后“远望7”号航天测量船完成各项艰巨任务提供了宝贵的实践经验。

各行其道，互不干扰

良好的电磁兼容

我们平时看电视时，运转中的微波炉或者电磁炉如果离电视机太近，电视机画面就会产生不规则模糊条纹，这就是因为其周围的电磁干扰而导致的显示屏工作不正常，属于典型的电磁兼容问题。

测量船在总长约200米有限的空间里集中安装了近1 000套先进的测量、控制、通信等电子设备，甲板面上各种形状的大小天线有50多副，这些天线辐射面广、发射功率极大，工作频段从几赫兹到几十吉赫兹，工作功率高低差异很大，脉冲雷达发射脉冲功率为兆瓦级，部分设备接收灵敏度极高，这种情况构成了“远望”号航天测量船复杂的电磁环境。

如何保证各种电子设备既充分运转、正常工作，又不互相干扰？为此，设计团队在设计阶段就应用先进的建模仿真软件掌握各类天线工作时的电磁辐射方向和甲板场强分布。而后对设备和天线的布局、电缆的选型和敷设严格要求，精益求精，对设备的工作频率和频谱进行精心规划和设计，采取隔离、接地、滤波、屏蔽和频率管制等技术措施。

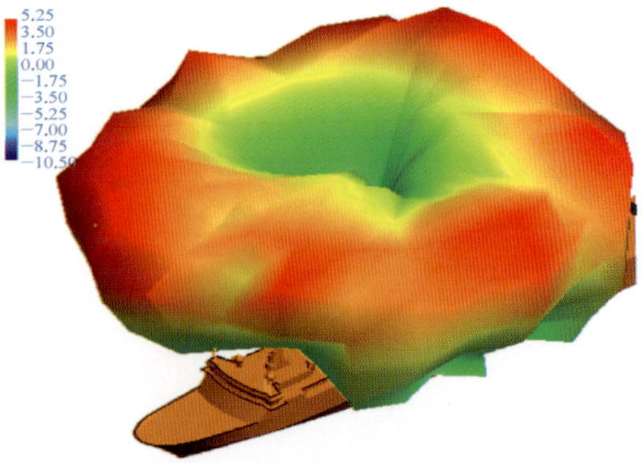

> 图232　发射天线某频点的三维辐射方向仿真图
（不同颜色表示天线不同的辐射效果，红色表示辐射效果好的范围，蓝色相反）

> 图233　发射天线附近的甲板场强分布仿真图
（不同颜色表示甲板面不同的电磁场强度，红色表示强度最大，蓝色相反）

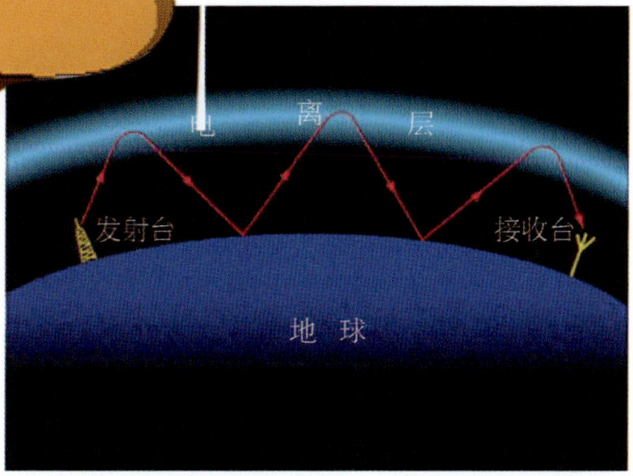

> 图234　无线电波的传播示意图

由于“远望”号航天测量船的电磁环境十分复杂，实现电磁兼容不仅涉及收与发设备的工作频率、发射功率、接收机的中频带宽及接收灵敏度等因素，还应考虑到收与发设备的技术状态；收发天线的相对位置与指向性、上层甲板金属物体分布情况、船舶工况以及测控作业时的季节及海域等因素。同时，还要尽量采用成熟的技术和措施，掌握测控时段的辐射干扰规律、禁用干扰频率，消除干扰传播媒介，实施各种“分割”。

最后，在“远望”号航天测量船建造阶段按照舰船搭接、接地、屏蔽、滤波等电磁兼容性要求施工，传导干扰和感应干扰得到了较好的抑制。

小贴士

电磁兼容与电磁兼容性

电磁兼容是指电气/电子设备或系统的一种工作状态，在该状态下设备或系统不会因为内部或彼此间存在的电磁干扰而影响其正常工作。电磁兼容性则是一种能力的表述，是指在预期的电磁环境中电气/电子设备或系统按设计要求可正常工作的能力。

> 图235　“远望”号航天测量船上的各类天线

（图中可以看出，“远望”号航天测量船上的天线有大锅形状的、杆/鞭状的、足球形状的、半球形的，还有鱼骨形状的……）

AURORA
YUAN WANG

第5章

蹈海测天

——“远望人”的生活

"远望"号航天测量船，被誉为"海上科学城"。除了有先进的船舶和测控设备，更离不开一批批不断探索科学的"远望人"。经过他们的不懈奋斗，"海上科学城"先后实现了7次重大跨越，相继攻克了船摇稳定、电磁兼容、海上标校、船姿数据处理与航天器轨道确定、航天器控制等11项关键技术。在测量船上工作，测控任务结束随船回到了母港，"远望人"也要始终住在船上。"家在船舱，人在海洋，情在蔚蓝，爱在'远望'。"“远望”船歌《永远的航程》唱出了"远望人"最真实的工作和生活状态。

> 图236 "海上科学城"一瞥

工作在“远望”

“远望”号航天测量船在出海执行任务期间，各部门各系统的船员坚守自己的岗位，投入紧张有序的工作当中，全体“远望人”精心组织、精心指挥、精心操作，捕获目标及时、跟踪连续稳定、数据录取完整，展现出了良好的拼搏精神，出色圆满地完成了历次测控任务。

以测控系统为例，“远望”号航天测

> 图237 指挥中心

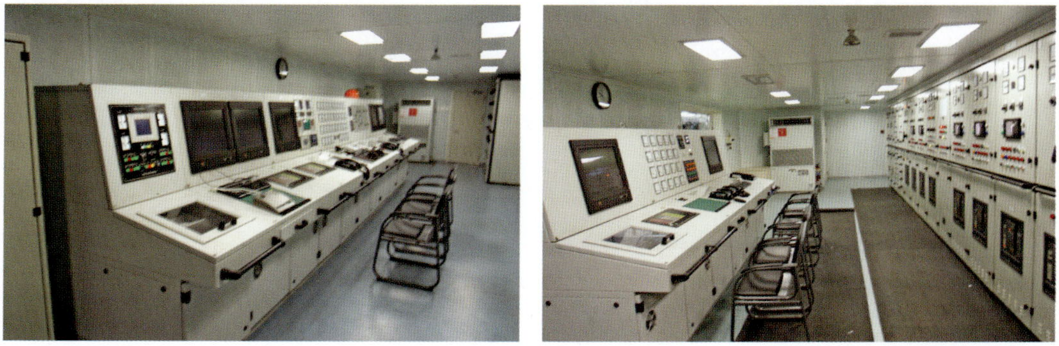

> 图238 主机集控室与主配电室

> 图239　主配电室配电屏上密密麻麻的开关

> 图240　船长指挥决策室（兼损管中心）

> 图241　任务前的海上誓师仪式

量船设置无线电主控室、中心计算机室、指挥中心、通信中控室、通信网络室、短波和超短波通信室、船姿船位主控室、气象观测及情报接收室、气象预报及会商室以及海洋物理实验室等，各战位职责分明、安排有序，各舱室宽敞明亮、整洁舒适。“黄河号发现目标”“黄河号跟踪正常，遥测信号正常”，一束束电子波射向太空，在“远望”号航天测量船和各卫星之间架起一座信息传输的“桥梁”。船员们在“远望精神”的指引下，形成优良的作风，到达战位后个个抖擞精神、认真工作，为我国的航天事业发挥自己的光和热。

> 图242 各类功能舱室以及工作中的“远望”船员

住在“远望”

长期在茫茫大海上从事科研工作的人们还有“远望”号航天测量船上的工作人员是不是能住得像在大陆上一样宽敞舒适呢？那就让我们一起来感受一下吧！从进入门厅的那一刻起，一切与船有关的元素几乎都不见了，与船体的威武雄壮相比，门厅就好像是一个干净整洁的写字楼大堂，一点也感觉不出此时此刻是在一艘船上。

从门厅一转，便真正进入了“远望”号航天测量船的内部。步入走道，码头的喧嚣顿时销声匿迹，虽然已经身在船体内

> 图243　宛若酒店大堂般的门厅

> 图244　宽敞的主梯道

> 图245　宽敞明亮的主通道

> 图246　高级船员区住舱走廊

> 图247　普通船员区走廊

部，但是在空调系统的帮助下，丝毫没有空气不新鲜的感觉。

宽敞明亮的通道两侧整齐地排列着许多房门，这些房门有些是通往住舱的，有些是通往科学家进行科学研究的工作间。走道中，颜色柔和的装饰板和地板交相呼应，不经意间还以为是走在宾馆的走廊。

推开一扇住舱的房门，宽敞的舱室映入眼帘，阳光穿过舷窗照射到地板上，两侧舒适的单人床干净整齐，写字台上摆放着书本，温馨的色调、整齐的房间让人宾至如归。房门一侧是卫生单元，里面卫生洁具一应俱全，打开水龙头你还会发现，这里24小时都有热水供应喔！

在减震降噪方面，船内所有重要舱室的噪声水平已经与邮轮相当，有的地方甚至还更低。螺旋桨和主机等设备运

> 图248　单人住舱

> 图249　双人住舱

> 图250　四人住舱

> 图251　卫生单元

转是振动和噪声的主要来源，而机舱正是局部振动较大的部位，为了避免机舱舱段产生有害振动，设计中采用多舱段有限元法评估了机舱结构固有频率，保证机舱舱段固有频率与主机、螺旋桨激励频率错开。

在环保方面，这两艘船的舱室家具皆由环保材料制成，几乎没有异味，并采用轻质柴油为燃料，减少了废气排放，同时配备了一批先进的污水、固体废物处理系统，能满足国际防污染公约及船舶安全公约要求。

> 图252 船上的露天游泳池

吃在“远望”

美食加工厂——船上的餐厅与厨房

船上设有大餐厅、小餐厅和外事接待餐厅。小餐厅可供40名船员同时就餐，大餐厅可满足不少于2/3满载乘员同时进餐。各餐厅都具备自助餐条件，设有电视、音响系统，非就餐时可兼作休闲室。

在大餐厅后部设有厨房区，该区域按照现代化理念、食品加工流程合理布局，设置包括食品预处理间、切洗间、熟食加工间、日用食品存放室、厨房用品间、面食加工间、高温厨房、主厨房、配餐区、洗碗机室等，厨房符合生进熟出，主副食分开的要求；炊事机械干湿分开，便于食品输送、加工。

为满足“远望”号航天测量船根据航行区域经常开展对外友好交流活动、停靠外国港口时有接待海外华侨等外事招待的需求，在“远望”号航天测量船艇甲板尾部设有可供20人同时进餐、开展外事接待的餐厅。该餐厅设有专用配餐室，配餐

> 图253 大餐厅

> 图254 小餐厅

> 图255 配餐区

> 图256　主厨房

室内设有向下直通主厨房的专用食品升降机，使菜品快速、卫生地到达外事接待餐厅，设计师可谓事无巨细、用心良苦。

> 图257　高温厨房

> 图258　外事接待餐厅

“远望”菜肴——船上的伙食

俗话说，南甜北咸、东辣西酸，那“远望”号航天测量船上来自五湖四海的工作人员能否吃得惯船上的伙食呢？

“远望”号航天测量船的任务周期动辄就是一年半载，如果吃不到可口的饭菜，那应该是一件十分苦恼的事情了。不过，如果有机会去看一看“远望”船的厨房的话，这些顾虑都会被一一打消！下面就让我们去“远望大食堂”看一看吧！进入厨房的一刹那，就好像进入了专业酒店的厨房，各种烹饪设施一应俱全，煎炒烹炸样样都行。船上炊事班的同志也是经过专业培训和选拔才能在“远望”号航天测量船上进行服役的，他们不仅精通鲁菜、川菜、粤菜、苏菜、浙菜、闽菜、湘菜、徽菜八种菜系的烹饪技巧，还可以进行经典西餐的烹饪。你看，食堂开饭了，各色菜品整齐摆放，真是让人胃口大开啊！

> 图259 大厨正在烹饪美食

新鲜蔬菜哪里来——船上无土栽培

常言道，兵马未动粮草先行。对于常年出海执行测控任务的“远望”号航天测量船来说，伙食保障至关重要。“远望3”号航天测量船海上执行常态化任务，伙食保障组要负责全船300多人的伙食，这对于不满20人的保障组来说，实在是“压力山大”。人虽然不多，但每一位都是顶级大厨。炊事工作虽说众口难调，但炊事人员尽量做好平衡。

“远望”号航天测量船在执行任务中，为了让船上的科技工作者吃得开心、吃得放心和营养丰富平衡，大厨们要在出航前就做好各项准备。从原材料的储备，到各项物资的补给，无不包含着大家的心血。海陆相隔两重天，“远望人”面临着很多取舍，也经受着很多考验。因为蔬菜储存不便，出海时间长了，蔬菜比较紧缺。

为了解决这一难题，船员们特意腾出房间，改建了一间无土栽培室。在无土栽培室通过培养皿将蔬菜的种子发芽，再将发芽种子移植到托盘里使其生长，托盘内有固定的圆孔，内部有营养液。当幼苗长到一定大小后，再将幼苗移植到小盆里面使它继续生长。小盆内部没有泥土，而是

> 图260 无土栽培室里的蔬菜

> 图261 厨师在无土栽培室里采摘蔬菜

海绵填充物，既可以固定根系，又可以吸收水分和营养。这些小盆放到斜置托架上，周围用特制的灯光进行照射，让菜苗进行光合作用。同时，自动化喷灌装置进行定时浇灌，保证植物足够的水分、营养促使生长。看着经过培养皿长出的蔬菜，船员们露出了笑容，因为对于普通舰船的官兵来说，吃上刚长出来的蔬菜简直是天方夜谭。

100天吃什么——果蔬保鲜技术来保障

航天测量船每次执行任务时间都很长，最长达100天，在整个航行周期内船员饮食如何保障呢？伙食冷库为船员提供了必要的食品保障。

随着我国船舶领域的不断发展，以人为本、科学膳食、保证船员健康日益受到人们的重视。常规的鱼、肉、粮食等在冷库内都可以保存较长时间，只要冷库容积足够大，储藏足够多的食材，就可以保障全船航行周期内全船人员餐饮所需。水果、蔬菜是人们日常生活中不可缺少的食品，但水果、蔬菜难以长时间储藏。在传统的冷库，果蔬贮藏期仅一星期左右就开始变质腐烂。延长果蔬的保鲜时间，使长期海上作业的船员能在航行周期内一直吃到新鲜优质的果蔬，是航天测量冷藏系统设计的难点。

当前，在果蔬保鲜方面，有很多技术和方法在船上得到了广泛运用。现今主要采用的保鲜方法有冷却保鲜、臭氧保鲜、塑帐保鲜和气调保鲜等方法。

冷却保鲜，不同的果蔬须有不同的温湿度要求，但温度过低反而会导致有些果蔬腐烂加速；臭氧保鲜能抑制真菌生长，但对果蔬的呼吸作用没有抑制；塑帐保鲜能抑制果蔬的呼吸作用，但其对绿叶蔬菜的保鲜时间也只为20天左右，无法使果蔬长时间保持新鲜。

气调保鲜是冷却与缺氧保鲜方式的组合，是目前延长果蔬保鲜时间最有效的储藏方法。气调保鲜可通过调节冷库内氧气、二氧化碳、氮气、乙烯等不同气体的组成比例，调节氧气和二氧化碳的浓度，抑制果蔬的呼吸作用和乙烯的生成率，延缓果蔬成熟衰败过程和减少果蔬的腐烂，从而延长储藏时间。另外，还可以减轻或缓和果蔬某些生理失调。例如增加二氧化碳浓度，就可以减轻或缓和某些蔬菜的冷害症状等。

“远望”系列后续航天测量船在果蔬保鲜设计中应用了先进的气调保鲜系统。

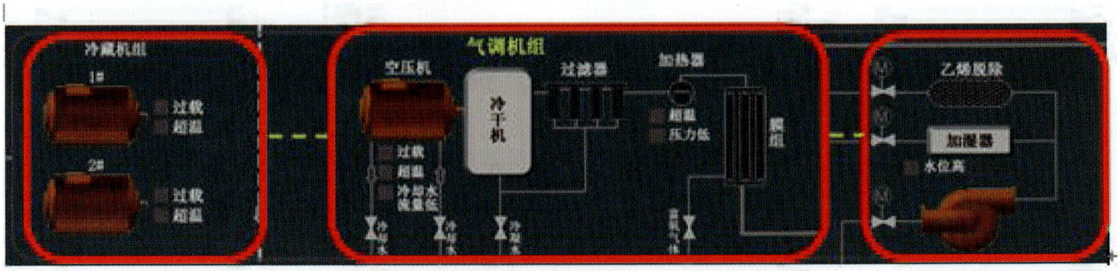

> 图262 “远望”号航天测量船上的气调保鲜装置组成示意图

乐在“远望”

工作之余，看个舞台剧吧——海上剧场

“远望”系列后续航天测量船设有置跨甲板层俱乐部，以集会、表演、影视为主要用途，空间可满足全体船员参加活动。俱乐部具有良好的空间开阔感，这在国内现有船舶中尚属首例。整个俱乐部面积约250平方米，贯通二层甲板，横向宽约25米，贯穿整个船宽，纵向长达12米，高约6米，是舱室面积较大、结构板架跨长较长的跨层结构。俱乐部中间不设置任何落地支撑结构，而在甲板下设置多道甲板纵桁和强横梁组成交叉梁系结构形式，甲板纵桁和强横梁采用高腹板桁材结构并设置腹板防屈曲结构。舷侧结构采用了跨层的大跨距板架结构，并设置一道水平桁和数道垂向强肋骨的交叉结构。

俱乐部内部装饰设计中，吸收了陆上影剧院的设计经验：构建场景、控制混响、配氛围灯光及立体声环绕音响系统。在阶梯式地坪上设约150只带有可收纳翻板的排椅，并设有弧形主席台。俱乐部在开会或播放多媒体文件时不产生回声、颤动回音、低频嗡声等，具有良好的音响效果。

> 图263　宽敞明亮的俱乐部

> 图264 “远望5”号航天测量船的跨层俱乐部

> 图265 影剧院阶梯式排列的座椅

跨层俱乐部的设置极大地丰富了船员业余休闲娱乐活动的形式，除能进行大型会议、演讲汇报和学术交流等活动外，还可播放影视作品，也适于船员才艺展示、歌舞演出，使船员在枯燥的航行中可以得到娱乐放松及艺术享受。船员在工作之余，可以去俱乐部看舞台剧了！

海况不错，到舱外看看海——“远望广场”

“海上科学城”的露天甲板除了布置了各种天线，还利用剩余的甲板面，开辟了船员们的运动场所。如“远望5”号航天测量船的上桥楼甲板，形成一个面积近

> 图266 环形跑道一瞥（图中的红色表示的即为船甲板上的环形跑道）

> 图267　上桥楼甲板上的“环形跑道”

3 000平方米的环形跑道，可供船员们锻炼身体、举办活动或综合演练。

白天或者傍晚没有执行任务时，开阔的上桥楼甲板便热闹起来，船员们吹着海风，有的在散步，有的在跑步，有的在远眺，有的在跳甲板操……充分利用船上有限的空间锻炼身体，保持良好的精神状态和体能，形成战斗力，这也是完成祖国交给“远望人”各项任务的必要条件。

> 图268　健身房

嘹亮歌声从这里响起——“欢唱吧”

在俱乐部上层甲板附近，有一个年轻船员的欢乐“据点”——娱乐室，船员称之为“欢唱吧”，以小食、酒品服务、人员交流、休闲娱乐为主要功能，里面设有吧台、音响间、卡拉OK设施等，是船员们的“欢乐世界”，为海上枯燥的船员生活增色不少。

太平洋太“小”，两代“远望”船海上相逢

2017年12月14日，“远望3”号航天

> 图269　船上的吧台

> 图270　船上娱乐室

> 图271 在太平洋某海域“远望3”号航天测量船与“远望6”号航天测量船相遇

测量船（第2代）与“远望6”号航天测量船（第3代）在海上相遇。“远望6”号航天测量船完成阿尔及利亚海上测控任务后正在归途。“远望3”号航天测量船刚刚离开码头启程，扛起一份新的使命，踏上一段新的征程。

> 图272 国旗党旗高高挥舞，成为海天间靓丽的风景

自听说“远望3”号、“远望6”号航天测量船会在这片海域相遇的消息后，两船许多船

员拿着国旗、党旗聚集在甲板上等候。好似要见到久别的亲人，大家眼巴巴地望着远处海天相接的地方。慢慢地，在湛蓝的天海一线处，一个黄豆大小的船头轮廓隐隐显现出来。

“近了，近了……”两艘船的船员们都开始激动起来。在万里大洋上，“远望”船也许航行十几天都见不到一艘船只的影儿。两艘姊妹船能在大洋上相遇，船员们都十分激动。

> 图273 科技工作者与“远望6”号航天测量船在大洋合影

> 图274 两艘“远望”号航天测量船擦肩而过

> 图275　用相机记录这一历史时刻

为了保证安全，两船保持三四百米的距离。“呜呜呜……”并肩之时，两船同时鸣响汽笛，船员们沸腾起来，挥动着国旗、党旗，呼喊着口号，很多人用相机记录下这难忘的时刻。伴着不舍，两船渐行渐远……

“远望”测量船队任务饱满，“远望6”号航天测量船2016年执行完120余天的航程，完成了神舟十一号任务；2017年首次与“远望7”号航天测量船联袂上阵，执行阿尔及利亚卫星海上测控任务。

2017年6月，“远望3”号航天测量船顺利完成了第二次中修改造，对常规和特装系统进行了全面升级。为满足新型试验任务需求，加装了目前我国船载最高频段的统一测控系统，进一步提升了测控通信和综合试验能力。

“远望6”号航天测量船目前已交船服务10年，面临第一次中修改造。后续一段时间内，华丽转身的“远望3”号航天测量船将担负更多的海上测控任务，在转型发展的航线上驶向一个崭新的时代。

> 图276　大海上的浪涌景象

出海100天

记“远望5”号航天测量船的一次普通任务

北京时间2016年10月17日7时49分，将与天宫二号交会对接的神舟十一号载人飞船，在酒泉卫星发射中心发射升空。同时在南太平洋某海域，“远望5”号航天测量船已在此迎候，执行为期3天、16圈次的海上测控任务。

“远望5”号航天测量船刚刚发现飞船，一个强大的温带气旋已经形成，正以50海里每小时的速度向测控海域袭来。据云图显示和气象数据分析，测量海区风力将达9级以上，涌浪将超过3.5米。在这样的海况，无法顺利执行海上测控任务。此刻，距神舟十一号载人飞船下一阶段的海上测控任务仅有4小时。

为了避其锋芒，“远望5”号航天测量船当机立断，全速前进，在测控任务开始前，到达新的满足要求的测控海域，顺利完成了第二阶段的测控任务。

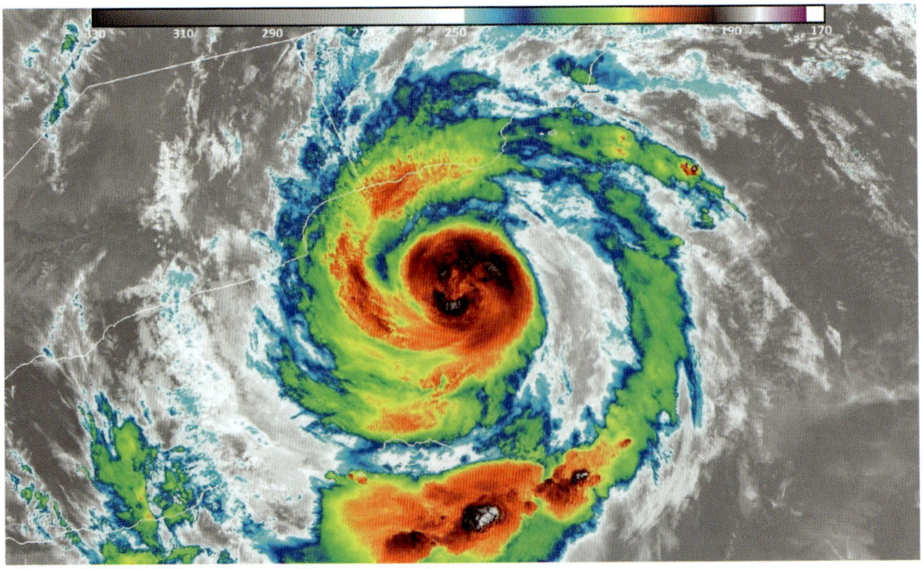

> 图277 温带气旋红外云图

> 图278 酒泉卫星发射中心

小贴士

酒泉卫星发射中心

酒泉卫星发射中心是科学卫星、技术试验卫星和运载火箭的发射试验基地之一，是中国建设的第一个卫星发射场。它位于甘肃省酒泉市东北地区，始建于1958年，占地面积约2 800平方千米，地势平坦，人烟稀少，干燥少雨，每年约有300天可进行发射试验，是发射航天器的理想场所。

1960年11月5日，这里成功地发射了中国制造的第一枚地地导弹。1966年10月27日，中国第一次导弹核武器试验也在这里试验成功。1970年4月24日，这里发射了中国第一颗人造地球卫星。1975年11月26日，中国第一颗返回式卫星在这里发射成功。1980年5月18日，中国第一枚远程运载火箭也在这里发射成功。1987年8月，酒泉卫星发射中心为法国马特拉公司提供了发射搭载服务，使中国的航天技术从此开始走向世界。

然而，南太平洋轻易不会善罢甘休。新海域风浪再起，温带气旋在船后方紧追不舍，风力将达到6～7级，涌浪将超过3米。“远望5”号航天测量船采用应急预案，再次转移，驶向新的海域。

北京时间2016年10月19日3时31分，神舟十一号载人飞船与天宫二号空间实验室成功交会对接，“远望5”号航天测量船早已气定神闲地在预定海域部署待命、张开天眼，在太平洋上见证了天宫与神舟相拥太空的“浪漫之吻”！

北京时间2016年11月23日晚，“天

> 图279 西昌卫星发射中心

链一号04”星在西昌卫星发射中心成功发射，“远望5”号航天测量船在南太平洋某海域执行其入轨段测控任务，这是“远望5”号航天测量船历史上的第50次任务。更巧的是，“远望5”号航天测量船在2008年正式交付使用后执行的第

> 图280 “远望人”庆祝胜利完成任务

一次海上测控任务就是“天链一号01”星。八年轮回，4颗天链卫星上天，我国中继卫星事业跨步向前；八年轮回，“远望5”号航天测量船用无缺无憾的表现交出了一份100%测控成功率、50战50捷的优异成绩。

“远望精神”闪耀海天

黄浦江畔，滨江前沿，在原江南造船厂的船坞里，有一艘写满沧桑的巨轮格外引人注目。这位船舶里的“老者”——“远望1”号航天测量船，已经告别了踏浪远望的日子，江水拍打着船舷，宛如诉说着中国航天远洋测控事业那个刻骨铭心的时代和永远留在大洋深处的记忆。

2010年10月22日下午，“远望1”号航天测量船捐赠交船仪式在江南造船厂举行。

2011年11月26日，“远望1”号航天测量船回归江南造船厂原址。

“远望”号航天测量船的成功设计和建造，不仅培养和造就了一支能够站在世界船舶研发设计前沿、勇于开拓创新舰船科研设计的团队，还铸就了“远望精神”。依靠这支团队和这种精神，航天测量船家族不断增添新的成员。在新一代“远望”号航天测量船的设计中，老“远望人”大多已“功成身退”，但江山代有才人出，在“远望精神”的激励下，新的“远望”研发团队克服时间紧、要求高、难度大的困难，再一次胜利完成了任务。正是依靠

小贴士

西昌卫星发射中心

西昌卫星发射中心是以发射地球静止卫星为主的航天发射基地，担负通信、广播、气象卫星等试验发射和应用发射任务。发射中心总部设在四川省西昌市，发射区位于该市西北约60千米处，始建于1970年，这里每年10月至次年5月是最佳发射季节。发射中心于1983年建成，1984年以来发射过中国第一颗试验通信卫星、实用通信广播卫星及实用通信卫星，1990年又将美国制造的“亚洲1”号通信卫星送入地球同步转移轨道。

> 图281 “远望1”号航天测量船捐赠交船仪式

> 图282 “远望1”号航天测量船回归江南造船厂原址

> 图283 “远望5”号航天测量船研发团队合影

众多像这样的优秀团队和“远望精神”，中国船舶工业创造出了无数个第一，中国舰船研发设计史不断书写着新的篇章。

2016年7月12日，我国自主设计研制的新一代远洋航天测量船——“远望7”号，正式交付中国卫星海上测控部。

从“远望1”号到“远望7”号，40多年来，在“胸怀祖国，献身军工；崇尚科学，追求卓越；不畏艰难，敢于拼搏；勇于创新，不断进取”的“远望精神”激励

胸怀祖国◆献身军工
崇尚科学◆追求卓越
不畏艰难◆敢于拼搏
勇于创新◆不断进取

> 图284 “远望精神”

下，在“特别能吃苦、特别能战斗、特别能攻关、特别能奉献”的载人航天精神鼓舞下，中国“远望人”成功开创了一条具有中国特色的航天远洋测控之路。

航天这个伟大的事业凝聚了大家，也锻炼了“远望人”这支队伍，伟大的工程创造了伟大的航天精神，伟大的航天精神又支持着伟大工程的发展。“远望人”无怨无悔，就盼望着我们的海上中国梦早日实现。

有一种航船，叫“远望”，她披荆斩棘、乘风破浪；有一种情结，叫“远望”，她魂牵梦绕、心底珍藏；有一种精神，叫“远望”，她锲而不舍、百折不挠；有一种文化，叫“远望”，她无坚不摧、百炼成钢！

胸怀祖国，献身军工。痛失“航海时代”的中国在“航天时代”大步发展，而这一切都离不开我国的“远望”号航天测量船和一批批默默奉献的“远望人”。

自强不息、自觉奉献的爱国精神，是军工之魂。“远望精神”的核心价值观体现在研制人员胸怀祖国，继承和发扬“远望精神”，就是要将拼搏精神、创新精神和进取精神落实到实际工作中。大家懂得，作为中国舰船研制的一员，完

> 图285　老中青三代“远望人”在建造现场

> 图286 七〇八所为纪念许学彦院士发行的“远望”特刊

成国家战略任务，是一生的荣耀和财富，只要国家有需要，就一定会全力以赴完成任务，设计建造出一流的高科技舰船。

崇尚科学，追求卓越。“远望精神”，凝聚了科学求真、严谨卓越之神。求真，就是格物致知的科学态度。为了解决船舶稳定性的问题，船舶设计师们实施了三级稳定措施的三重保险方案；为解决电磁兼容性问题，设计师们科学地划分“远望”号航天测量船上的天线工作区域并采取屏蔽措施，有效抑制了耦合干扰和电缆传导干扰；为了正确地评估和修正船体变形给测控设备带来的影响，设计师们开创性地采用了光学挠曲变形测量方式；为了解决船舶和测量设备导航定位问题，采取了惯性导航、天文导航等手段，确保了海上定位实时、准确、可靠。

这些设计思想和技术方案，奠定了跨越40载、三代航天测量船的设计基调，成为中国“远望家族”的标志和“基因”。1985年，“远望”号航天测量船获得“国家科学技术进步特等奖”。在严肃认真、精益求精的求真精神引领下，“远望”开创了中国船舶研发设计的新篇章。

> 图287 许学彦院士代表“远望”项目团队领奖（国家科学技术进步特等奖）

不畏艰难，敢于拼搏。艰苦奋斗、顽强创业的拼搏精神在“远望”研制过程中体现得尤其充分。40多年前，在“远望”号航天测量船的设计建造过程中，所有的设施、设备都不能进口，必须由国内自行研制、自力更生，一切从零开始。在“远望1”号航天测量船研制期间，正值西方发达国家对我国实施严密的技术封锁，这就意味着设计师们得不到来自其他国家哪

> 图288 “远望1”号航天测量船建造中

怕“一针一线”的帮助，可谓是“一穷二白”。说起来也许让人难以置信，“远望”系列船的设计原型，竟然来自一张小小的外国船的照片。通过照片，设计师们对远洋测量船有了基本的认识，随后又展开了大量的调查、研究，经过数百名设计师长达10多年的艰辛努力，终于一笔一画将“远望”号航天测量船从梦想变为现实。期间，他们不仅攻克了许多关键性的技术难题，还建立了一整套的国产远洋测量船设计标准。

不同的历史时期迎来不同的挑战。研制“远望5”号、“远望6”号面临的困难，不再是“一无所有”，而是时间紧迫，两艘新船的重任压在了年轻一代船舶设计师的身上。这两艘船务必于2008年投入神舟七号任务的“最后期限”，给予设计团队的时间仅有1年半。对一艘全新的远洋测量船来说，这无疑是极为苛刻的。

此前，“远望1”号、“远望2”号的设计时间长达近10年，“远望3”号的设计时间也有2年多，而且建造“远望5”号、“远望6”号姊妹船时，正逢江南造船厂向长兴基地大搬迁，人员与设备配置都难以稳定，给建造工作带来了极大的困难。江南造船厂发挥自主创新精神，潜心研究，付出大量时间和心血，终于圆满按期完成两条船的建造和交付。

勇于创新，不断进取。改革创新、敢为人先的开拓精神，与“远望”相伴而生。作为我国自主设计建造的第一代综合性远洋航天测量船，“远望1”号开启了中国远洋航天测控事业，创造了多个第一。她的诞生，使我国成为继美国、苏联、法国之后世界上第4个能够自主建造航天测量船的国家，结束了我国在陆地以外不能进行航天测量的历史，实现了航天测控网从陆地到海洋的历史性跨越。

“远望1”号航天测量船功成身退，但“远望”精神后继有人。新一代的“远望5”号、“远望6”号和“远望7”号设计团队，不断研究新船型、新技术，探索新的领域。有限元分析、全船数字化建模、三维协同设计、虚拟仿真等高科技手段的应用，不仅使设计时间更短，而且使设计精度更高，使新一代的“远望”号航天测量船集当今船舶建造、航海气象、电子、机械、光学、通信、计算机等领域最新技术于一身。正是凭着这种敢为人先的开拓精神、格物致知的科学态度、审慎细致的工

> 图289 “远望6”号航天测量船

> 图290 “远望7”号航天测量船设计建造团队

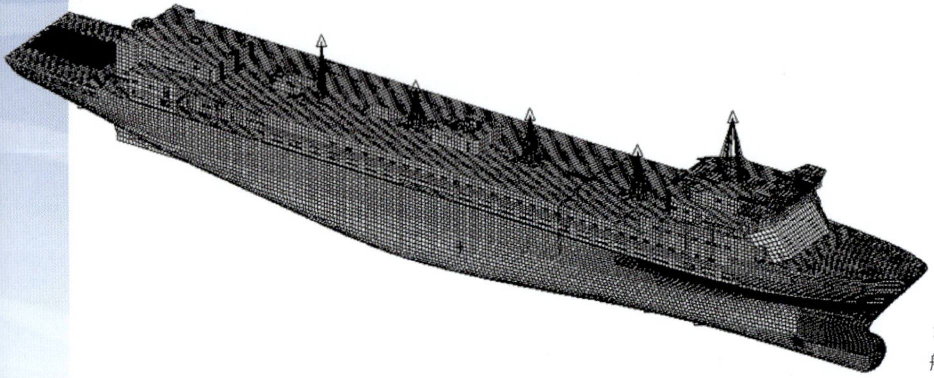

> 图291 “远望”号航天测量船有限元分析模型

作作风和追求卓越的报国志向，中船人才能不断前进，拼搏进取，坚持走科学发展之路。

从长江之滨到大洋深处，40年来，伴随着“远望”航程在海天间的不断延伸，“远望人”始终视党和人民的利益高于一切，自觉把个人理想抱负融入民族伟业和中国梦想。

“远望”号航天测量船被誉为“海上科学城”，不仅仅是因为先进的船舶和测控装备，更因为“远望人”对待科学的严谨态度和团结一致的制胜法宝。40年来，一代代“远望人”不懈奋斗，先后实现了7次重大跨越，相继攻克了船摇稳定、电磁兼容、海上标校、船姿数据处理与航天器轨道确定、航天器控制等11项关键技术。

除了“海上科学城”，“远望”号航天测量船还有一个光荣而神圣的名字——“浮动的国土”。

“在国外，我代表中国。”这不仅仅是一句口号，更是全体“远望人”心中的行为准则。40年来，“远望”号测量船队先后114次停靠新西兰、南非、印度尼西亚、斐济等12个国家和地区的14个港口，向世界展示了中国航天科技实力和“远望人”良好精神风貌，扩大了我国在世界上的影响力。

劈波斩浪启航程，盛世华章鼓人心。“远望”是一脉文化，“远望”是一种精神，“远望”是一份追求。为了“远望”事业，“远望人”的付出数也数不清。“远望1”号航天测量船第一任观通长何德俊一生最大的愿望就是“能活到首航太平洋圆满成功的那一天”，“远望2”号航天测量船气象预报员孟三在生命走到尽头时最大的欣慰是“船安全回来了”，高级工程师李淑秋弥留之际最大的遗憾就是“还有许多工作要做”……

忠诚使命的奉献精神、同舟共济的团结精神、战风斗浪的拼搏精神、一丝不苟的严谨精神、面向世界的开拓精神……40年来，海天间熠熠闪光的“远望精神”激荡着一艘艘巨轮扬帆起航，也必将激励着一代代“远望人”不忘初心、破浪前行……

> 图292　“远望7”号航天测量船设计团队在签署规格书现场

小贴士

有限元分析

读者朋友们一定都听说过用内接多边形逼近求圆周长的方法：当多边形的边数越来越多时，其周长越来越接近圆的周长。这其实可以看作早期的有限元分析概念，它用到了两个重要的思想：数值近似和离散化。起初有限元分析被应用于材料、结构等领域，随着计算机技术的发展，有限元分析在船舶设计中得到了广泛的应用。

远望6
YUAN WANG

第6章

功勋卓著

“远望”家族的荣耀

坐标太平洋

“580”任务纪实

提到“远望”家族的辉煌荣耀，就绕不开“580”任务。“580”任务，是指东风-5洲际导弹全程飞行的试验活动。

在这个任务中有两个重要目标：一是完成对东风-5洲际导弹全程飞行的试验验证；二是打捞东风-5洲际导弹数据返回舱。

在“580”任务中，“远望1”号、“远望2”号航天测量船首次在国际舞台上崭露头角，在成功打捞数据返回舱中，“远

> 图293 “580”任务出征

望1”号、“远望2”号一鸣惊人，创下赫赫战功。

读者朋友，你是不是已经迫不及待地想回到当年那个历史性的时刻，想要领略一下“580”任务的精彩过程和成功的喜悦呢？

启程

1980年4月27日，上海吴淞口举行了一场千人盛会——“欢送580海上编队出航大会”。

会场翠柏耸立、鲜花盛开，人人精神抖擞，尤其是一列列海军官兵，更是斗志昂扬、威武整齐。

执行“580”任务的海上编队要启程啦！海上编队由18艘舰船组成，分别编制成航天测量船队和护航舰编队。

测量船队由“远望1”号、“远望2”号，“打捞1”号、“打捞2”号，救助拖船1、2、3号，“向阳红5”号、“向阳红10”号及“德士”号共10艘，带有4架“超黄峰”直升机，主要担负着火箭再入段测量、落点测量、打捞数据舱、海上落点区的通信和气象保证等。

护航编队有6艘导弹驱逐舰、2艘油水补给舰，共8艘。其主要任务是护航警戒任务。

直接参加这次试验的共有3万多人，其中海上试验人员有5 000多人，参试的科研单位有60多个，浩浩荡荡，规模宏大，气势磅礴，大振国威。

在欢送会上，时任副总参谋长的张爱萍同志为出征将士填词一阙，将热烈的欢送大会推上了最高潮。

词为：

诉衷情

健步登上海重楼，
看多少风流。
神臂、妙手、慧眼，
明察五大洲。
良辰到，
驾飞舟，
远洋游。
乘风破浪，
天涯追踪，
誉满神州。

小贴士

“580”代号的来历

前文我们已经介绍，“718”工程是我国东风-5洲际导弹研制与全程飞行试验任务的总代号。

20世纪70年代末，“718”工程进展顺利，进入尾声，东风-5洲际导弹全程飞行试验进入倒计时。考虑到发射区、落区以及测量船队的建造进度，国家领导人最终决策：东风-5于1980年5月进行全程飞行试验。因此，将此次试验活动的代号拼成“580”。

> 图294 参加“580”任务的主要舰船合影

小贴士

数据返回舱

弹道导弹在运行时会监测记录其运行速度、弹体不同部位的温度变化、油料流动速率等情况，这些数据可让研究人员了解被测弹道导弹的情况、出现的问题，进而改进弹道导弹的工作性能。这些数据非常珍贵，获取方式一般分为两种：一是将数据实时传输回地面站，且通常采用加密方式，这种方式存在被他国截取遥测信息并破译的风险；二是将数据信息记录并保存在弹体上，待回收后取出，这一过程称为“封装”,可防止数据被截收，但也存在一定风险，即一旦弹道导弹发生灾难性事故，装载数据的“舱”可能被毁或无法对其定位，而此时正是最需要遥测数据的时候。

形势严峻，困难重重

按照国际惯例，在一个国际水域进行导弹试验之前，必须发布通告，避免对相关区域过往船只和航空器产生危害。

1980年5月9日，新华社向全世界公告："中华人民共和国将于1980年5月12日至6月10日，由中国本土向太平洋南纬7度零分、东经171度33分为中心，半径70海里（约130千米）的圆形海域内的公海上，开展发射运载火箭试验。中国舰船和飞机将在该海域进行作业。为了过往船只和飞机的安全，中国政府要求有关国家政府通知本国的船只和飞机，在试验期内不要进入上述海域和海域上空。"

中国划定试验禁区范围是一个高度敏感问题。禁区范围越小说明该导弹命中精度越高，对该导弹的技术性能很有把握，也说明它的"精确打击"威慑力大。苏联于1960年1月首次公开在太平洋进行远程火箭试验时，公布的试验禁区是500千米×300千米的矩形水域。我国科研人员经过充分调查论证，从理论上推导出准确的导弹试验区数学模型，确定这个圆形试验区。这个试验范围远远小于苏联，也小于美国当年洲际导弹的试验范围。

新华社这份公告除了有专用通道的电讯稿向世界播发，还通过中国国际广播电台用多种语言向世界发布。

落区布阵

1980年5月8日，海上编队进入落区后，各自进入预定点，进行布阵。5月8日17时，"向阳红10"号船首先到达预定点，在东经170度40分、南纬6度44分漂航。

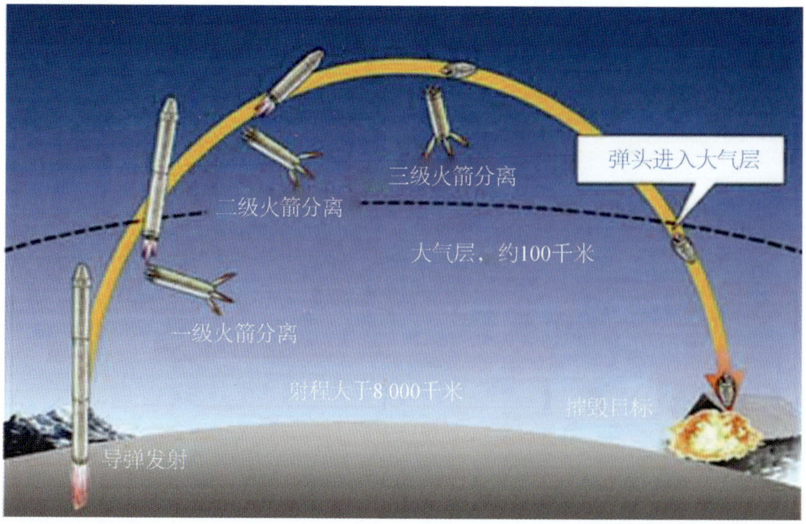

图295　洲际导弹发射示意图

> 图296　科研人员在进行东风-5洲际导弹试验前测量

> 图297　雄伟的东风-5洲际导弹整装待发

5月12日7时30分，“向阳红5”号、“远望2”号航天测量船和护航舰队到达布阵预定点。5月12日8时30分，“远望1”号航天测量船、油水补给舰及护航舰队也都顺利到达布阵预定点。

1980年5月9日，中国官方发表公告，宣布将于5月12日至6月10日向太平洋海域发射运载火箭。公报发布前，“580”任务舰队就已启航奔赴溅落区。这些高清彩照来自一组罕见的澳大利亚军方照片，从另一个角度呈现了“580”任务，其中很多细节还可以与中方回忆相互印证。

> 图298　“580”任务护航编队

小贴士

“远望1”号、“远望2”号在“580”任务中发挥的作用

当东风-5洲际导弹主动助推结束后，进入无动力飞行的被动段，弹头依赖其在主动段获得的能量在接近真空的大气环境中作惯性飞行，作用在弹头上的力主要是地球引力。也就是说，在被动段飞行的东风-5洲际导弹弹头是不接受指令、不受控制的。那么，如何判断东风-5洲际导弹弹头是否按照预定轨迹运行呢？没错，答案就是“远望1”号、“远望2”号！

大编队进入落点布阵后，空中不断传来引擎声，美国、澳大利亚的侦察机不断进入我作业区外围侦察。有的国家还派出了舰船，试图进入落区实地观察。为了不真正暴露预定靶心（弹着点）位置，编队采取佯动措施，把实际预定瞄准的弹着点放在一边，把编队摆在新华社对外公布的危险区内随意一个区域活动，并故意暴露一个伪装弹着点的位置。

澳大利亚摄影师拍到一架自家的P−3巡逻机低空飞行。中方回忆中也对这些“窥视者”有相应的描述：“5月11日，澳大利亚一架反潜巡逻机绕飞我舰队进行拍

> 图299　一架澳方的P−3巡逻机在试验落点区域低空飞行

> 图301 澳大利亚海军的“吸血鬼”号驱逐舰

> 图300 试验落点附近的一架新西兰海军直升机

照侦察。飞临我舰上空时其高度约200米，距我舰约250米。”

“580”弹头溅落时，澳大利亚军方的P-3巡逻机也正在试验区不远处徘徊。有亲历者回忆称，当时非常担心弹头迟迟不能回收上船，有被外军捞走的危险。

落点附近海域，除了澳大利亚海军外，美国、新西兰及苏联等国的舰船纷纷力求赶在中国试验前抵达。

中方描述中写道：“5月20日，今天中午澳大利亚一艘驱逐舰‘11号’力图闯入试验海区”。

“远望”建功

1980年5月18日当地时间上午10点钟，离发射还有4小时，“远望1”号、“远望2”号报告已进入预备阵位，在火箭弹道入口处的南面漂航，等待发射。打捞1号、打捞2号已进入预备阵位，在火箭瞄准点北部和南部18千米处对应漂航，等待发射。

随着时间的推进，各舰船进入正式阵位。周围的多国舰船也仿佛闻出点儿味来了，纷纷向试验区靠近。海上指挥部参谋统计，仅17日这一天，试验海区就发现美国和英国的侦察飞机17架次，还发现了澳大利亚海军训练舰“GT203”号、新西兰调查船“莫诺韦”号。18日当地时间12时30分，澳大利亚的训练舰突然进入我警戒区。我警戒军舰“107”号立即起航拦截，并发出信号:“你好！你已进入我试验海域，有危险，请你立即离开！”

越来越接近发射了，“远望1”号、“远望2”号航天测量船上的空气几乎凝固，全部指战员都屏住呼吸等着。保密机继续播报酒泉航天测量卫星发射中心的男中音:“10、9、8、7、6、5、4、3、2、1、牵动……点火……起飞”。1980年5月18日上午10时00分23秒302毫秒，第一发全程试验弹从酒泉升空。“飞行正常……一级火箭脱落，二级火箭脱落……已进入轨道……发射成功啦！”保密机里传来发射基地激动的欢呼声。

> 图302 东风-5洲际导弹发射升空

保密机把发射区跟踪情况继续播报到落区。

导弹经过约4分半钟飞行后，头体分离。导弹先后飞越银川、太原、石家庄、济南等城市上空，然后进入西太平洋。

这时，酒泉卫星发射中心和海上编队其他舰船都是一片欢腾，但远在落点南面的“远望1”号、“远望2”号航天测量船正进入了最紧张的阶段。因为它们的任务是要比任何船更早地捕捉到火箭入轨道的信息，以便实时测量到火箭进入落点之前120千米至3千米的轨道参数。

主管轨道参数测量的海上编队副指挥

员、测量编队总指挥员田震环站在"远望1"号的中心指挥所里，目不转睛地注视着荧光屏。在这里，他可观察到洲际导弹进入落区的运行情况。洲际导弹按照预定的程序，将在高空中完成火箭级间的分离、发动机关机和火箭头体分离等一系列程序，最后这个弹头将在大气层外依靠惯性向东南飞来，并找到进入落区的入轨点，精确地沿着预定轨道飞完全程，最后在预定区域准确入海。

但是，对海上测量的艰巨性十分了解的田震环深知，地球在转动、火箭在运行、测量船在晃动、天线在摇动，一切都在高速地互动着。须臾之间，测量人员如抓不到进入落区的目标，就错过了，就失误了，就失败了。这真是大海捞针啊！正因为这样，他主持进行了无数次训练，把所有的人和仪器都准备成双保险状态。

终于，他听到了基层指挥员惊喜的报告:"遥测收到信号!""雷达发现目标!""双频跟踪正常!"

"一切正常!"田震环几乎惊叫起来。

这时，装载在"向阳红10"号船、"打捞1"号和"打捞2"号船上的直升机起飞了，打捞快艇、船载救生艇、橡皮艇也启动了！他们全副武装，并带着良好的救生设备分别向一个指定的目标海域驶去。

从点火起飞到火箭进入太平洋上空约29分钟。当地时间14点29分，从"向阳红5"号船后甲板西北方向的上空望去，一个流星般的火球出现:"看到了！看到啦！"分不清是谁在叫，接着大家一齐叫着"看到啦！看到啦！……"眨眼间，火球变成了一个亮点，后面还拖着一道白烟，迅速地从西北到东南划过有几块白云的蓝色天空，紧接着就听到沉重的

> 图303 东风-5洲际导弹弹头落入预定海域激起的巨大水柱

"咣——"的一声，溅落在离"向阳红5"号船约20千米的海域。

当这个庞然大物平均以300多千米/分钟的速度飞行进入大气层后以重力加速度溅入大洋，"向阳红5"号船的"352甲"雷达测到，弹头入水时溅起了80多米高的水柱。

各测量点测到的位置，通过卫星定位换算得知，我国的第一枚洲际导弹命中预定弹着点，误差未超过500米。这就好比一支步枪，在100米之内一发击中了靶心上的一根针一样准确。

"发射成功！准确命中！"甲板上、舱室里雷鸣般地欢呼起来。

胜利返航

由于"远望"号航天测量船精确的落点测量，有利于我方回收数据舱。"打捞1"号（J302）、"打捞2"号（J506）打捞船装备了"超黄蜂"航测直升机、打捞直升机，还搭载了工作快艇、船载救生舢板，同时海军6艘驱逐舰在旁保驾护航。

参加"580"任务的SA321直升机从甲板上起飞。"174"号和"176"号两架遥测直升机升空后迅速测到火箭溅落时的数据，已经返航。

"172"号直升机首先发现数据舱，就在距离它约7千米的海上漂着，赶紧报告数据舱的地点。

"132"号与"162"号驱逐舰全速向数据舱急驰，同时打捞工作快艇和打捞舢板也一齐向数据舱漂落点驶去。

> 图304　直升机起飞打捞返回舱

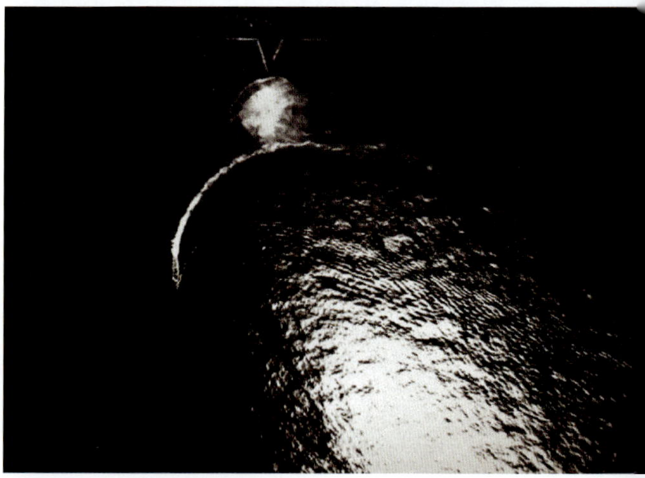

> 图305　争分夺秒打捞数据舱

（中方直升机航拍的正在打捞数据舱的中方舰机。弧形白线是正在回旋的救捞船，上方的白色区域是弹头入水后释放的标的用染色剂留下的痕迹）

"172"号直升机到达数据舱漂落点，悬停在数据舱上方，机舱口待命的海军某部潜水员顺着直升机落下的绳子往下落，落到海面，然后向数据舱游去。潜水员紧盯着数据舱，一米一米地向它接近。在他的意念中知道有千万双眼睛在盯着自己，他的一举一动都将成为历史。终于他抱住了数据舱，挂上了直升机的吊钩。1980年5月18日北京时间上午10点45分，当地时间下午14点45分，潜水员和他的战友们为试验画上了一个圆满的“句号”。

顺利完成打捞数据返回舱任务的机组正、副驾驶员和随机的潜水员因成功打捞弹头均荣获二等功。

1980年6月2日，海上编队18艘舰船圆满完成任务，胜利返航，迎着初夏的骄阳，徐徐驶抵上海吴淞口。一时间吴淞口沉浸在胜利和欢乐的海洋，“580”任务从此光荣地载入史册。

“580”任务编队成员归国后，受到叶剑英的接见。“580”任务编队不仅圆满完成了对东风-5洲际导弹的测试，并且通过这次任务准备过程，使中国海军终于具备了有限的远洋行动能力，对远洋海军的发展影响深远。

> 图306　直升机成功捕获返回舱

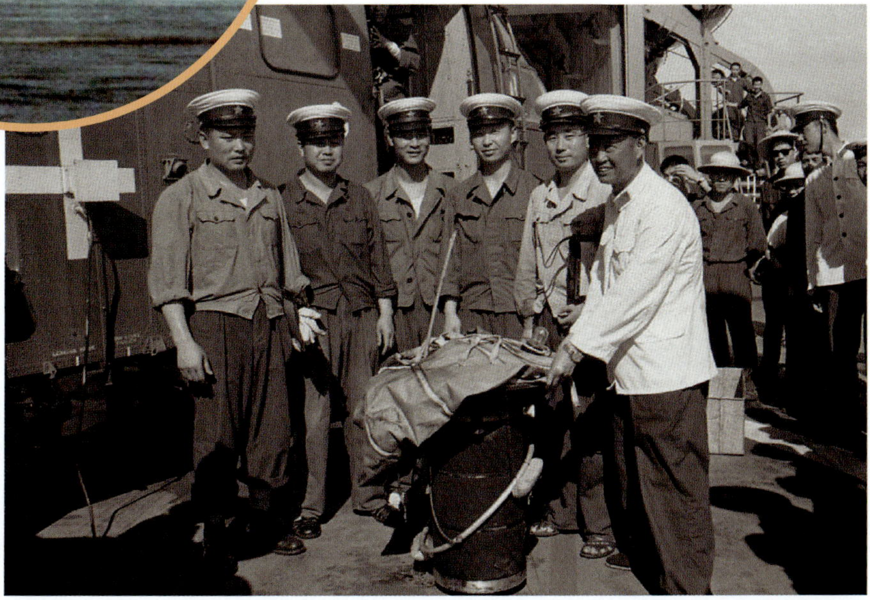

> 图307　胜利打捞返回舱

功勋测量船

“远望2”号的辉煌纪录

“远望2”号航天测量船曾先后28次圆满完成了亚洲一号、东方红三号、风云二号、烽火一号等卫星和神舟试验飞船的重大海上测控任务，曾经创下了中国远洋航天测控史上的“六个之最”和“四个首次”。“六个之最”包括执行任务型号最全、出海频率最高、海上连续测控时间最长、任务转换时间最短、停靠外港次数最多、总航程最远。“四个首次”分别是首次承担国外卫星发射的海上测量任务、首次对卫星进行海上控制、首次成功使用姿章联控技术对卫星进行大调姿、首次停靠外港。

作为新中国诞生的第一代航天测量船，“远望2”号还于1980年首次远航太平洋，填补了中国海上航天测控的空白，使中国航天测控网由陆地延伸到海上。

在执行首次载人飞船任务中，“远望2”号完成了太阳能帆板展开监测、飞船变轨、为首长与航天员杨利伟提供天—地通话等关键任务，为飞船正常运行、顺利返回发挥了重要作用。

2003年10月中旬，神舟五号一次次从“远望2”号上空飞过，从监测飞船太阳能帆板展开到发出指令飞船变轨，从保证航天员天—地通话到完成各项测量、通信任务，“远望2”号在惊涛骇浪中出色完成了在中国首次载人航天飞行中所承担的各项任务，让中国飞天第一人杨利伟在太空中与地面成功进行了天-地通话。

在五次神舟五号飞船海上测控任务中，“远望2”号成功测控飞船运行段和留轨段，相当于完成167颗卫星测量任务，涉及状态数据数万个，遥控发令1 700多条，均一次成功，圆满完成飞船跟踪测轨、遥控发令、数据注入、变轨控制、遥测参数接收处理、图像和话音传输等关键测控任务。

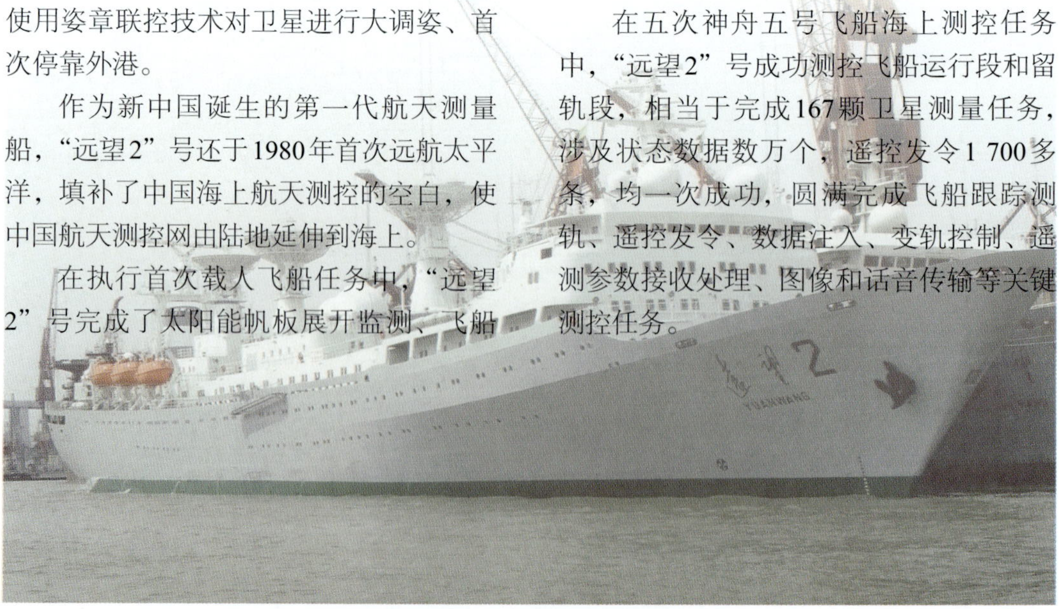

太空漫步

2008年9月25日，神舟七号飞船升空。在这一次任务实施期间，飞行乘组中的一名航天员将执行出舱任务，这也将是中国航天员首次太空行走。此次任务的海上测控部分，将由最新交付使用的“远望6”号执行，并在神舟七号升空时负责海面上监控舱门及飞船位置的测控工作。

9月25日21时07分，长征2F运载火箭发射升空，22时27分神舟七号飞船到达预定轨道。飞船运行状态良好，地面指挥控制中心、海上“远望”号航天测量船与飞船通信状态正常。根据各系统运行情况以及航天员的身体状态，地面指挥控制中心决定航天员在9月27日16时30分，也就是神舟七号在天空飞行的第29圈出舱，太空行走任务由翟志刚承担。

9月27日16时41分至17时00分，翟志刚穿着中国研制的“飞天”舱外航天服，圆满完成中国首次空间出舱的太空行走任务，成为中国太空行走第一人。

翟志刚以自己的一小步，迈开了中国人探索太空的历史性一大步，中国从此成为世界上第三个独立掌握空间出舱技术的国家。

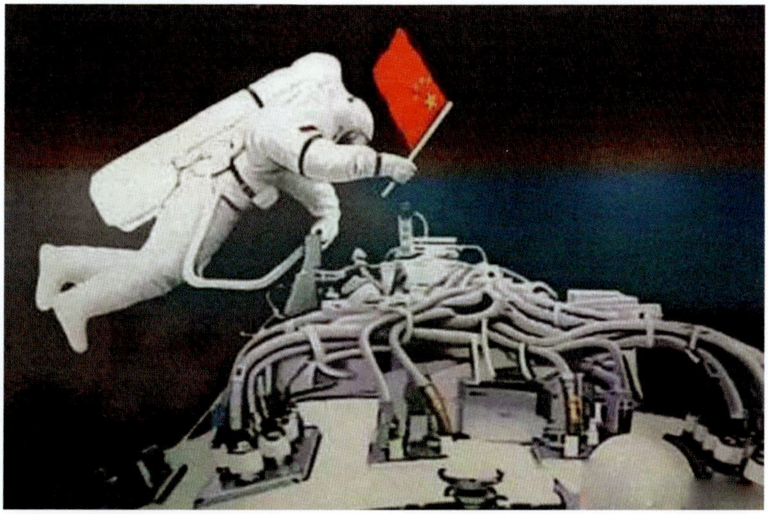

> 图308 中国航天员首次的太空行走

载誉归来

以“远望”号航天测量船队的建成为标志，实现了我国航天测控由陆地向远洋拓展的重要突破，是我国航天测控经过50年发展取得的几大突破性成就之一。交船服役后，“远望1”号、“远望2”号航天测量船创下了骄人的成绩。

从1979年到2010年的30余年间，“远望1”号航天测量船先后44次远征大洋，

> 图309 威武壮观的“远望1”号航天测量船

总航时2 600多天，总航程为44万海里，相当于绕地球连续航行22圈半，圆满完成各种运载火箭和应用卫星的跟踪测量任务，为中国科学技术的发展作出了贡献。

“远望1”号、“远望2”号航天测量船的成功研制震撼了世界。在世界测量船建造业上，我国成为世界上第四个拥有航天测量船的国家，其研制速度使一些世界造船大国感到惊讶。“远望”号航天测量船的研制工作是一项极为复杂、庞大的系统工程，综合汇集了中国科学技术多方面的新成就。它的研制成功，标志着我国造船工业、材料基础、光电子基础工业、通信、雷达、计算机技术，导航、气象保证，打捞、救生等系统以及卫星测量控制技术、航天技术及其他行业达到一个新水平。

“远望1”号、“远望2”号航天测量船在1981年获得建造质量银质奖，1985年获得国家科技进步特等奖。

2010年10月，“远望1”号航天测量船在圆满完成30余年的海上测控任务后，正式退出海上测控舞台，被中国卫星海上测控部赠予其诞生地——江南造船（集团）公司，成为江南造船博览馆的“镇馆之宝”，作为爱国主义和科普教育场所向社会公众开放，继续发挥余热。

“远望3”号航天测量船多次为海上测控网站做出杰出贡献，被中央授予一等功。“远望3”号航天测量船2006年被评为“中国十大名船”之一，2013年荣获国家科学技术进步奖。

“远望5”号航天测量船（“远望5”号、“远望6”号船）获国家科学技术进步奖二等奖、国防科学技术进步奖一等奖。

2016年7月，“远望7”号航天测量船交付后仅12天就奔赴太平洋执行测控任

> 图310 “远望1”号、“远望2”号航天测量船获得国家科技进步奖特等奖

> 图311 “远望5”号航天测量船获得国家科学技术进步奖二等奖

远望
YUAN WANG

务。8月6日，我国卫星移动通信系统首发星天通一号01星成功发射，“远望7”号航天测量船及时发现目标，捕获跟踪稳定，数据录取完整，信息处理交换正确，及时发送了相关技术参数和数据信息，圆满完成了测控任务。这次远征太平洋的测控任务，航程历时25天，“远望7”号航天测量船安全航行6 700余海里。“远望7”号航天测量船的交付，标志着我国远洋航天测控事业发展迎来新机遇、新跨越，远洋航天测控能力将实现新提高、新突破，对我国航天测控网建设具有重大意义。

> 图312 中国航天“新名片”——“远望7”号航天测量船

远望
YUAN WANG

第7章 征服大海，远望星空

2017年1月1日晚，中央电视台电视公开课《开讲啦》推出“新征程”系列节目，邀请到“远望7”号航天测量船船长周云山，周船长声情并茂地讲述“远望人”以及“远望7”号背后的故事。

谈到“远望”号航天测量船的历史意义，周船长说：“‘远望1’号船、‘远望2’号船的诞生代表了我国航天事业的一个时代。在这之前世界上只有美国、苏联、法国拥有航天测量船，我们国家只有少数的几个陆上测量站。‘两弹一星’成功以后中央决定开展远程运载火箭的全程试验，还要发射地球同步通信卫星。这些飞行器的飞行轨迹都在数千乃至数万千米以上，陆上的测量站已经覆盖不了。这个时候毛主席、周总理亲自决策，要建造属于我们国家自己的测量船。这是一个非常了不起的战略决策，有了‘远望’号航天测量船就有了全球布站的测量能力，也加速了我国航天事业的快速发展。

2016年我国最新一代远洋测量船‘远望7’号建成，从‘远望1’号到‘远望7’号相差了将近40年。我作为‘远望2’号的最后一任船长也是‘远望7’号的第一任船长，非常幸运地见证了这段历史变迁。在大海上搞航天测控，就是我们‘远望人’风口浪尖上的舞蹈，因为我们知道

> 图313 “远望7”号航天测量船船长周云山在《开讲啦》接受撒贝宁采访

只有征服大海，才能仰望星空。”

谈到“远望人”的精神，周船长说：“祖国把‘远望’船交给了我们，也就意味着我们‘远望人’将人生交给了大海。‘远望人’把和家属、小孩能在一起聚一下作为一种幸福的奢望，但是他们都无怨无悔、心甘情愿。这就是大海为‘远望人’塑造的性格，这就是中国航天人。”

最后，周船长总结说：“我工作了二十三年，与测量船打了二十三年的交道，在我身上早已打下了海天的烙印。我和大家一样，我们都深爱着自己的祖国，深爱着这个时代。只要坚守这份爱，祖国的航天事业就一定会更灿烂，我们的人生就一定会更精彩。”

未来，随着航天及测控技术的不断发展，以数据中继卫星系统为核心的天基测控网将会逐步搭建成形。这样，“远望”号航天测量船很可能将会退出历史舞台，原来的陆、海、天基相结合的测控网逐步被天基、陆基测控相结合的测控网所取代。然而，“征服大海、仰望星空”“不畏艰险、勇于探索”的“远望”精神，将永远传承下去。有了这样的“远望”精神，祖国未来的航天事业一定会更加灿烂、更加辉煌。

> 图314 迎着朝阳启航

> 图315 走进梦想

> 图316　驶向未来

参考文献

1. 石云生.中国海军百科全书.北京：海潮出版社，1998.
2. 简仕龙.航天测量船海上测控技术概论.北京：国防工业出版社，2009.
3. 瞿元新.航天测量船测控通信设备船摇稳定技术.北京：国防工业出版社，2009.
4. 谢红卫.航天测控系统.长沙：国防科技大学出版社，2000.
5. 徐志良.绝密航程——中国东出太平洋试射洲际导弹纪实.北京：海洋出版社，2010（10）：3–10.
6. 张毅.远望情怀——许学彦传.北京：中国科学技术出版社，2014.
7. 潘良.航天测量船船姿船位测量技术.北京：国防工业出版社，2009.
8. 张志兵.航天测量船航海保障技术.北京：国防工业出版社，2009.
9. 魏龙，亓创.太平洋太“小”了，这两艘“姊妹”船居然在海上相逢.装备科技，2017（12）.
10. 张毅.海上中国梦——舰船设计师风采.上海：上海文艺出版社，2013.
11. 刘嘉兴.航天测控技术的过去、现在和未来.电讯技术，1999（2）：1–8.
12. 北京宇航学会.太空快艇 载人飞船.天津：南开大学出版社，2000.
13. 王朋.中国航天测控网.太空探索，2006（08）：37–40.
14. 详解海洋测量船.现代军事，北京：现代出版社，2006（6）：22–27.
15. 任泽兵，潘佳奇.远望5号出海100天，军视网记者有话说.北京：《中国军视网》，2016.12.

后记

新中国成立以来，我国舰船与海洋工程装备从小到大，由弱变强，实现了跨越式发展，为捍卫我国海疆和保障国民经济的发展作出了巨大贡献。为了使广大青少年和公众读者了解到我国舰船研制的艰难历程和取得的成就，中国船舶及海洋工程设计研究院、上海市船舶与海洋工程学会、上海交通大学及上海科学技术出版社密切携手，编纂出版“国之重器——舰船科普丛书”，向中华人民共和国建国70周年献礼。

此套丛书编写得到曾恒一院士、潘镜芙院士以及80多位新老科学家的响应和支持，为其顺利出版奠定了基础。丛书编纂中，注重原创，努力将科学性、权威性、严谨性贯穿始终，把技术性、知识性、趣味性融于一体，把舰与船的专业知识从学术殿堂驶达青少年和公众读者的心田。

上海市船舶与海洋工程学会理事长邢文华、中国船舶及海洋工程设计研究院党委书记卢霖、江南造船（集团）有限责任公司董事长林鸥、沪东中华造船（集团）有限公司纪委书记胡敬东等领导对这套丛书的编撰出版予以多方支持和鼓励，并明确指示：该丛书的编撰是一项系统工程，要求高、时间紧、工作量大，要发挥科技人员的参与意识和普及“国之重器”科学知识的积极性，努力把丛书编好，使它成为一部向广大青少年和公众读者科学普及舰船知识，弘扬海洋文化，开展国防教育的好丛书。

100多位从事舰船及海洋工程科研、设计、建造的专家和老、中、青三代科技工作者参与了丛书的编写。撰写者大多是肩负科研任务的一线科研工作者，只能利用业余时间进行编写；他们不是专业的科普作者，但要完成从建造者到教育者、从设计员到讲解员的角色转换；学术著作可以精尖高深，科普文章却要浅显易懂，要像对学生上课一样，心口相传，绘声绘色，这对他们而言绝非易事。但面对困难，他们不曾退缩。在大家的心中，参与丛书编撰不仅是对投身舰船科研、设计、建造实践的重塑，更是为了中国造船事业后继有人、薪火相传。从领受编撰任务的那一天起，他们酝酿推敲、遴选谋篇、不辞辛劳、不舍昼夜，把对科学的爱、对祖国的情凝练成书香墨宝。

历经2年，这部丛书终于与读者见面了。丛书的编撰得到众多单位支持，并成立丛书专家委员会，严格遵循资料汇总、提纲拟制、内容撰写、审查把关、全稿统筹的编纂规律，先后召开100多次书稿初审会、复审会和终审会，确保内容准确、权威。

因此，“国之重器——舰船科普丛书”具有以下特点：

一是广泛性。丛书涵盖了当今世界主要舰（船）种，内容包括舰船的诞生、发展历程、关键系统设备和发展前景等，是目前已出版舰船科普丛书中较齐全、较系统的一套科普丛书。

二是原创性。目前市场上有关舰船方面的科普图书屡见不鲜，但引进的多，原创的少，而这套丛书立足于国内舰船研制历程，经过精心策划，历经2年的努力原创而成。

三是权威性。丛书由中国船舶及海洋工程设计研究院、上海市船舶与海洋工程学会和上海交通大学主编，联合江南造船（集团）有限责任公司、沪东中华造船（集团）有限公司、上海外高桥造船有限公司、中国海洋石油集团有限公司等单位，还成立了由曾恒一院士、潘镜芙院士领衔的专家委员会对丛书内容进行专业技术上的把关，保证了此书的科学性和权威性。

四是充满情怀。习近平总书记指出：科技创新、科学普及是实现国家创新发展的两翼，要把科学普及放在与科技创新同等重要的位置。丛书正是基于这一精神向全民，特别是青少年介绍舰船科技知识，弘扬科学精神，传播科学思想和科学方法，激发爱国热情，使全民关心、热爱、支持国防建设和舰船事业的发展，为实现强军梦、强国梦尽一份心力。

五是集体创作。老、中、青100多位科技工作者参加丛书编撰，每分册从提纲到初稿、定稿，均经众人讨论、修改，所以说丛书是集体创作的成果。

丛书编写过程中参考了一些书籍和报刊，引用了一些观点和图片，在此表示诚挚的谢意。

在此，特别感谢范永鹏、任鸿、李艇、吴骏、陈志宏、付云鹏、高珅、王前进、李章锐、向勇博等同志为本书的资料收集、编写、校审等工作所做出的贡献。

在丛书出版发行之际，向各位专家、全体编撰人员，以及关心、支持丛书编撰出版的有关单位和个人表示崇高的敬意。

对于书中不妥之处，希望广大读者予以指正。

张　毅

2018年8月

国之重器——舰船科普丛书

出版工作委员会

本书内容由中国船舶及海洋工程设计研究院审定。本书所使用的图片由中国船舶及海洋工程设计研究院、上海市船舶与海洋工程学会、上海交通大学、江南造船（集团）有限责任公司、沪东中华造船（集团）有限公司、上海外高桥造船有限公司、中国海洋石油集团有限公司、中船重工第七一四研究所、少年儿童出版社等提供。

家 福

远望4号

总长（米）156.1
水线长（满载）（米）140
型宽（米）20.6
型深（米）11.5
吃水（满载）（米）7.63
排水量（满载）（吨）12735
全船最高点（距水线高度）（米）41.8
主动力驱动型式 低速柴油机组×2
主电站 中速柴油发电机组×6

舵桨动力型式 双机双桨(定距桨)
建造时间 1998.8
使用状态 使用中
最大航速（节）20
回转直径（全速满舵） 不大于3倍船长
艏侧推装置 无
减摇鳍 收放式减摇鳍×1对

远望5号

总长（米）222.2
水线长（满载）（米）205
型宽（米）25.2
型深（米）11.7
吃水（满载）（米）8.2
排水量（满载）（吨）24966
全船最高点（距水线高度）（米）40.8
主动力驱动型式 中速柴油机组×2
主电站 中速柴油发电机组×5

舵桨动力型式 双机双桨(调距桨)
建造时间 2007.9
使用状态 使用中
最大航速（节）20
回转直径（全速满舵） 不大于4.5倍船长
艏侧推装置 有
减摇鳍 收放式减摇鳍×2对

远望6号

总长（米）222.2
水线长（满载）（米）205
型宽（米）25.2
型深（米）11.7
吃水（满载）（米）8.2
排水量（满载）（吨）24966
全船最高点（距水线高度）（米）40.8
主动力驱动型式 中速柴油机组×2
主电站 中速柴油发电机组×5

舵桨动力型式 双机双桨(调距桨)
建造时间 2008.4
使用状态 使用中
最大航速（节）20
回转直径（全速满舵） 不大于4.5倍船长
艏侧推装置 有
减摇鳍 收放式减摇鳍×2对

风机盘管(空调)
舱口盖
船用开关
船用接线盒
电罗经
海事卫星站
风速风向仪
灭火器
转页式舵机
舵
螺旋桨
救生艇
餐厅
垃圾焚烧炉
推进主机
车钟
锅炉
电站(发电机)
配电控制屏
海水淡化装置
中央控制中心
俱乐部
水下
传感器
升降控制杆

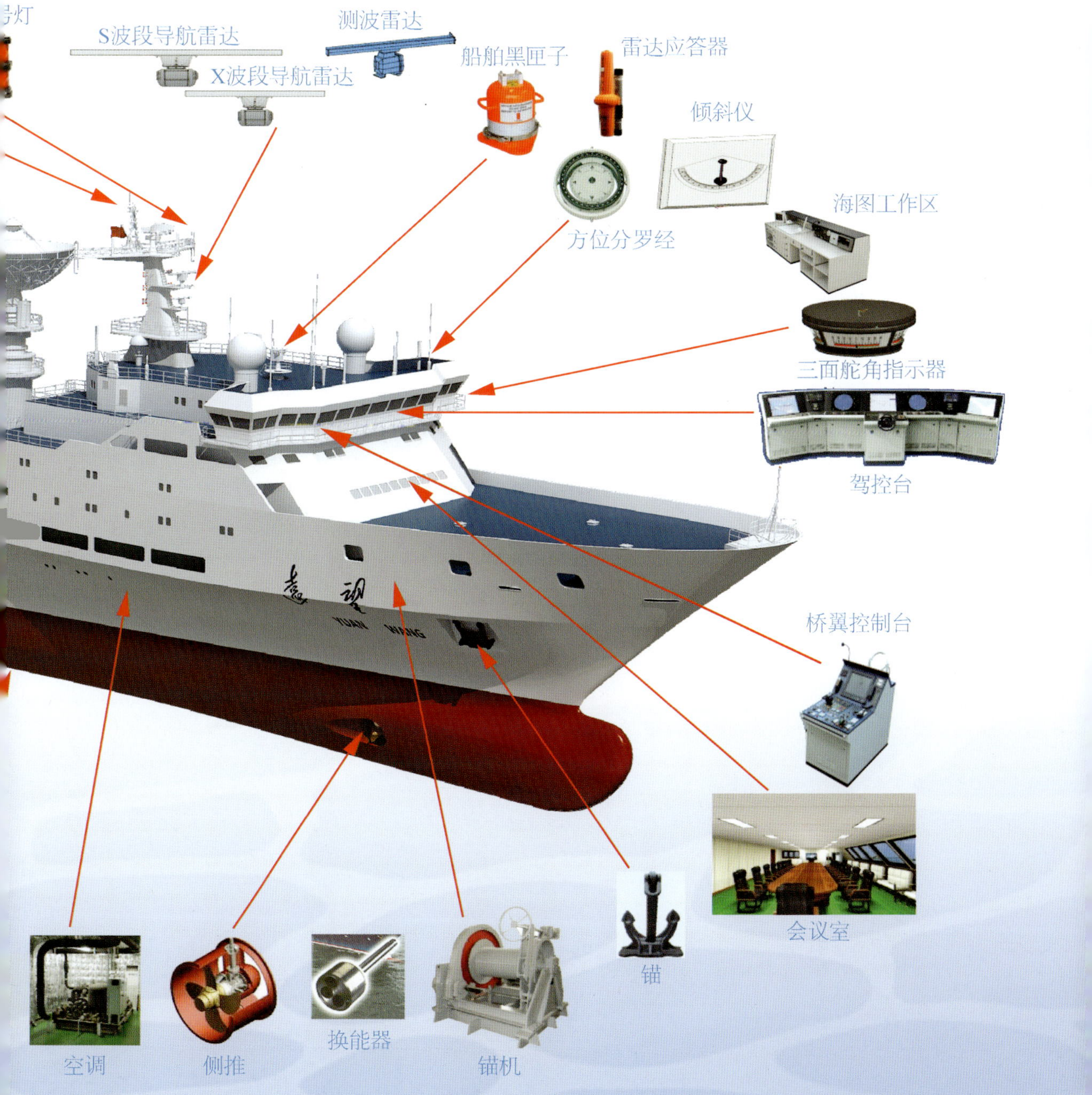
号灯
S波段导航雷达
测波雷达
X波段导航雷达
船舶黑匣子
雷达应答器
倾斜仪
海图工作区
方位分罗经
三面舵角指示器
驾控台
桥翼控制台
会议室
锚
空调
侧推
换能器
锚机

远 望 全

远望1号

总长（米）192
水线长（满载）（米）176.4
型宽（米）22.6
型深（米）12.6
吃水（满载）（米）8.87
排水量（满载）（吨）21076
全船最高点（距水线高度）（米）36.6
主动力驱动型式 蒸汽轮机×1
主电站 蒸汽轮机发电机组×5
中速柴油发电机组×2
舵桨动力型式 单机单桨(定距桨)
建造时间 1977.8
使用状态 报废停用
最大航速（节）19.3
回转直径（全速满舵） 不大于3倍船长
艏侧推装置 有
减摇鳍 收放式减摇鳍×2对

远望2号

总长（米）192
水线长（满载）（米）176.4
型宽（米）22.6
型深（米）12.6
吃水（满载）（米）8.87
排水量（满载）（吨）21076
全船最高点（距水线高度）（米）36.6
主动力驱动型式 蒸汽轮机×1
主电站 蒸汽轮机发电机组×5
中速柴油发电机组×2
舵桨动力型式 单机单桨(定距桨)
建造时间 1978.9
使用状态 报废停用
最大航速（节）19.3
回转直径（全速满舵） 不大于3倍船长
艏侧推装置 有
减摇鳍 收放式减摇鳍×2对

远望3号

总长（米）179.9
水线长（满载）（米）160
型宽（米）22.2
型深（米）11.6
吃水（满载）（米）7.96
排水量（满载）（吨）16768
全船最高点（距水线高度）（米）36.4
主动力驱动型式 低速柴油机组×2
主电站 中速柴油发电机组×4

舵桨动力型式 双机双桨(定距桨)
建造时间 1994.4
使用状态 使用中
最大航速（节）19.4
回转直径（全速满舵） 不大于3倍船长
艏侧推装置 有
减摇鳍 非收放式减摇鳍×2对